Ute Zydek

HAT WOHL JEMAND EINE HARFE
IN DEN BAUM GEHÄNGT

© 2015 Aufgang Verlag Augsburg
© der Texte und Bilder: Ute Zydek
Reproduktionen: Peter Karau, Bochum

Gedruckt auf umweltfreundlichem Papier   FSC
Printed in Germany
ISBN 978 3-945732-00-7 Hardcover)
      978-3-945732-01-4 (Paperback)
      978 3-945732-02-1 (eBook)
Bibliografische Information der Deutschen Nationalbibliothek:
Die Deutsche Nationalbibliothek verzeichnet diese Publikation
in der Deutschen Nationalbibliografie. Detaillierte Daten sind
im Internet unter http:// dnb.d-nb.de abrufbar.

Ute Zydek

HAT WOHL JEMAND
EINE HARFE
IN DEN BAUM GEHÄNGT

Gedichte und kleine Prosa

Aufgang Verlag

Vorwort

In den 1980er Jahren erschienen im Kiefel Verlag in Wuppertal drei Bücher mit Gedichten von Ute Zydek: *„Ein Haus das hab ich nicht"; „Hoffnung trag ich noch immer"* und *„Herzsprünge".* Die Autorin war selbst längere Zeit Lektorin in diesem Verlag, der vor Jahren aufgehört hat zu existieren. So sind die liebevoll gestalteten Gedichtbände nicht mehr zu bekommen. Vor ein paar Jahren hat Ute Zydek zwei Bändchen mit neueren Gedichten im Selbstverlag veröffentlicht mit der stillen Hoffnung, dass sich eines Tages ein Verlag dafür interessiert.

Ich kenne Ute Zydek seit vielen Jahren und habe mich immer wieder mit ihren Gedichten befasst. Von Anfang an beeindruckten sie mich durch ihre „Echtheit", ihre offenkundige Nähe zu erlittenem Leid, ihr Hin- und Hergerissensein zwischen Hoffnungslosigkeit und der Suche nach Licht. In allen Gedichten begegnen dem Leser der Ernst und die Tapferkeit der Autorin und lassen ihn nicht wieder los.

Seit langer Zeit bedauerte ich, dass dieser Schatz unzugänglich geworden war, und ich trug mich häufig mit dem Gedanken, ihn wieder zu heben. Doch bis vor kurzem hatte ich nicht die Möglichkeit. Jetzt aber kann ich einen umfassenden Überblick über Ute Zydeks Werk anbieten. Möge das vorliegende Buch dazu beitragen, für diese Autorin viele neue Leser zu gewinnen.

Im Dezember 2014   Christoph Rinser

I

EIN HAUS DAS HAB ICH NICHT

Immer auf dem Sprung

Eine zähe Katze
aus Versehen
nicht ersäuft
eine stolze Katze
und schwermütig
eine streunende Katze
ewig hungrig

Katze mit dem
grünen Blick
dem ur-alten

immer
auf dem Sprung

Eine Heimat nicht gefunden

Seit Jahrzehnten auf der Flucht
nie angekommen irgendwo
Landschaften durchquert
an Türen gepocht
immer wieder abgewiesen worden
streunend weitergezogen
manchem hinterhergetrottet
viel gehungert und gefroren
zuweilen in Herbergen gerastet
dort Brot und Gnade bekommen

aber
eine Heimat nicht gefunden

Schwarzer Vogel

Schwarzer Vogel
Trauervogel
hast es dir
wohnlich gemacht
als wär ich
dein Baum

Nur selten
fliegst du weg
Ich singe und tanze
ein Aufatmen lang

Trauervogel
du kommst
zurückgeflogen
schwarz und schwer
so vollgefressen
dass mein Geäst
tiefhängt
und aufstöhnt

Harlekin

Harlekin auf meinem Korbstuhl
ich schau dich an
du starrst ins Leere

dein Porzellangesicht
hat eine Träne
mein Tränengesicht
ist nicht aus Porzellan

mit hängenden Armen
sitzt du
hängenden Beinen
schwarzseidig
kalkgesichtig

du Harlekin Ich

Lebenslauf

Hart an der Grenze von
Auschwitz zum Leben gekommen
umspült vom Blutgestöhn
der Geschändeten
befrachtet mit ihrem Leiden

dem Schuld- und Sühnegedanken
lebenslang ausgeliefert

Wer bin ich

Ich möchte die sein
die ich bin
aber wer bin ich?

Menschwerdung

Ich werd mich übergeben müssen
noch und noch
ich werd mich häuten müssen
sieben mal siebenmal

Hat wohl jemand eine Harfe
in den Baum gehängt

Zerrissen-kaputtes Herz
ich hängs in den Birnbaum vom Nachbarn
geh herzlos umher unangreifbar
die Leut findens gut sagen na siehst du
und schütteln mir freundlich die Hand

Nur nachts wenn ich still lieg und horche
klingts wie zerrissenes Schluchzen und ich denk
hat wohl jemand eine Harfe in den Baum gehängt
und der Wind fährt drüber da weint sie

Der See

Im Wald von Cadlub
der verzauberte See
wo Großmutter ging in ihrer Kindheit
wo das Geisterlachen erklang
übern See sich bunte Luftballons
und Bänder schlangen
wo der Teufel dann in die Hände klatschte
und der Vater den Kindern befahl
sich um Gottes willen
nicht umzudrehn

Rumpelstilzchen

Ach wie gut dass niemand weiß ...

Zwergig hüpfend
triumphierend
Fieberglanz in Koboldaugen
Rumpelstilzchen freut sich sehr

Kommt am Tag
in Menschengassen
sagt den Namen nicht
und schweigt

Kehrt zurück zum hohen Berge
an das lodernd helle Feuer
will die alten Sprünge machen

Doch da kriecht ein Ungekanntes
an dem Zwergenwichte hoch

Rumpelstilzchen will sich wehren
stampft vor Zorn
rauft sich die Haare
wird dann still und immer stiller
in dem dunklen dunklen Wald

Ach wie schlimm dass niemand weiß ...

Lasst mich die Grenzen überschreiten

Lasst mich Gift und Galle spucken
meine Anklagen hinausschrein
Gerechte und Ungerechte beschimpfen
weinen und wehklagen

den Hohn in die Gärten
der Vorstadt lachen
den Tod aus den Gräbern
der Friedhöfe sammeln
die Trauer aus meinem
Dachfenster hängen –

lasst mich die Grenzen überschreiten
damit ich wieder leben kann

Schwere Zeiten

Alle sagen:
denk an die Blinden und Lahmen
an die vielen die
wirklich leiden

Alle sagen:
du musst aktiv werden
anderen helfen und
nicht an dich denken

Manche sagen:
auch wir hatten schwere
Zeiten und Depressionen aber
wir nahmen uns zusammen

Manche sagen:
man dürfte dir keine Hilfe geben
auch nicht das Existenzminimum dann
würdest du dich besinnen

Und manche denken und
wenige sprechen es deutlich aus:
im Dritten Reich da hätten sie dich ...
Na ja ...

Und ich weine

Und ich weine
weine über den Menschen
der weder leben
noch sterben kann

Sterntaler-Mädchen

Das Leben ist nicht so
sagen sie
es gibt keine Wunder
Sterntaler-Mädchen

Nacht-Worte

Mond
Sturm
Wolkenfetzen
Nachthexen

Stille
Uhrticken
Stöhnen

Schlaflosigkeit
Zerrissenheit
Allein

Weil sie daheim verkommen wollt

Feuer wird ausbrechen Feuer uns aufbrennen
rauskommen wir nie mehr auch du nicht

Tag Tag Nacht Nacht die Alte hämmerts mir ein
mit bösem Blick und wirrem Haar angebunden
hat man sie an Händen Füßen festgeschnallt
damit sie nicht mehr kratzen schlagen kann
und keift doch weiter wehrt sich wo sie kann
macht wohl aus Trotz auch unter sich ich hörs
die Schwestern sagen doch alles hilft ihr nichts

Der Sohn hat sie gebracht hierher weil
sie daheim verkommen wollt und böse war
man wird sie hier schon stille kriegen
und lieb wenn erst die Infusionen laufen

Dunkler Gott hör

Dunkler Gott dunkler
hier in dem Haus des Wahnsinns
hast uns vergessen vielleicht die
nicht mehr können und wollen
und sich zerstören die
verachtet von allen geächtet
weil so erbärmlich gesunken

dunkler Gott dunkler hör

Zonengrenze

Schnee überm Grenzland
die Füchse davongejagt
Reglosigkeit

Kein Weg
kein Gleiten
übers Schneefeld
Ödland

Nur Krähen
wagen
zu schrein

Ich schweig ihn laut

Dein Name abgenutzt
vom vielen Schreien
Wimmern Stammeln
Betteln Drohen

ich schweig ihn
laut

Kaum beachtet

Stängel
der die Blüte hält
kaum
beachtet

Meine verzauberte Stadt

Meine verzauberte Stadt
hat rote Türme
darüber fliegen zwei Engel
Sie hat eine blaue Kirche
und ein grünes Rathaus
Die Leute öffnen die Fenster
sie öffnen die Türen und
öffnen die Herzen
Keiner hat Angst vor dem andern
Niemand ist allein
Die Menschen sehen einander an
und finden sich wieder

Sie haben frohe Gesichter
und manche singen in den Straßen
Sie haben grenzenlos Zeit
zum Sprechen zum Freuen zum Lieben
Und alle Menschen achten einander

Es gibt viele Linden in der verzauberten Stadt
die duften und viele Birken die lächeln
und Kastanien die schweigen
Die Stadt hat einen Fluss
einen Fluss aus reinem Gold
der leuchtet weit weithin

Maiwald

Ein Grün ein Grün und noch ein Grün
Es schwimmt das Auge im Grünmeer
Brich mir das Herz nicht
Wald grüngrüner

Die Rose blüht auch

In die Luft
mal ich das Zeichen
den Kreis
Nichts wollen:
sein

Die Rose blüht auch

Siebe den Sand der Wüste

Siebe den Sand der Wüste
suche Goldkörner im Sand

Suche die Wüste nach Grün ab

Meine Lippen trocken-heiß
warten auf das Wunder
Wasser

damit die Wüste blühe

Bin Stein

Manchmal
werd ich zu Stein
Ich bewege mich nicht
ich rühre mich
nicht fort vom Fleck
bin Stein
wo alles sich bewegt
und bewegen muss
und dynamisch ist

Ich spreche nicht
ich esse nicht
und geh nicht
aus dem Zimmer
nicht ans Telefon
Ich erstarre
und werde mir selber fremd
und leide dennoch
als Stein
steinschwer

Ein Zauberer
kommt
niemals vorbei
mich zu berühren
und zu lösen
Wie auch
meine Türen sind zu

Aber Zauberer
könnten
doch zaubern ...

Ich zieh den Mantel an und geh

Kein Zeichen fällt
aus deinem Mund
aus deiner Hand
Trüb hängt November
zwischen uns
Ich weiß nicht
soll ich mich
in diesem Grau bewegen -
lautlos sein?

Bereitet war der Tisch
die Stühle freigestellt
Nur Licht war anzuzünden
weil es dunkel ist

Gilt es nun abzuräumen
Spuren zu verwischen?

Ich zieh den Mantel an und geh

Der Schnee fällt
streifenweis
in mein Gesicht

Worte

I
Worte
auch eine Möglichkeit
zu überleben

Wie
wenn man sie
nicht findet?

II
Worte
die es möglich machen
zu dir zu kommen
ich habe sie nicht

Blindgeworden
grabe ich
einen Weg zu dir
einen unterirdischen
doch er
nützt mir nichts

Was
wenn der Maulwurf sich
nach Licht sehnt?

III
Mühsam suche ich
aus dem Trümmerhaufen
Worte

Wenige sind
mit denen es gelänge
eine Sprache zu bilden

In harter Arbeit
setze ich dennoch
Wort an Wort
aber
es ergibt keinen Sinn

Ratlos
blicke ich
auf die Trümmer

Zu schwer

Es hat
keinen Sinn
sich anklammern zu wollen
wenn man
zu schwer ist
Niemand
kann Schwere ertragen

Hätt ich doch
Vogelgewicht

Erlöse mich

Bin immer
im Winter
und mit Reif
beschlagen
Eiskristalle
wachsen
um meinen Mund

löse mich
erlöse mich

Ein Baum sollt ich sein

Als Baum gepflanzt
gedüngt
mit einem Zauberwort
so begann es

Die Wetter
aushalten
und die andern Bäume
ihre Art
wort-los
lernt ich gut

Jahre vergingen
Um mich
ein Rauschen
Grünen
Blühen
und ich nur Stamm

So mild auch
Regen und Wind
und Sonne
baumerwärmend
nichts Grünes
kam aus mir

Ich
ohne Zweige
ohne Blätter
erstickte
brach ab

Gegen Todesangst zu sagen

Schließlich
haben die vor mir
es auch gekonnt
das Sterben

Gegen Lebensangst zu sagen

Schließlich
haben die vor mir
es auch zu Ende gebracht
das Leben

Höhlenbewohner

Höhlenbewohner
hinterlasse Zeichen
an deiner Wand
Vielleicht ist es gut
wenn einer sie findet
nach deinem Erlöschen

Einer vielleicht
wird entziffern die Runen
und begreifen
was im Verstummen
zwischen Stein und Erde
geschah

Ich hör das Gras wachsen

Ich hör das Gras wachsen
Sieh doch sieh
so hoch schon
und höher noch
atemschnell
Erstickungsgefahr

Bin Staub

Bin Staub
Wind weh mich
fort

Nichts
lass zurück
als einen Tupfen
Licht

Und ich bemüht

Längst hat Oktober
sein Licht gelöscht
mit Sturmschritt
überlief uns November
riss letzte Blätter
von Bäumen ab
Hoffnungen auch

Öfter scheint
die Totenglocke
zu läuten
von überallher
hellhörig ist es
im Erdraum geworden

Und ich bemüht
in diesem November
mit meinen glitschigen Schuhen
nicht in die offenen Gräber
zu fallen

Manchmal

Manchmal
habe ich eine Seele
die ich spüre
und manchmal
habe ich
Nichts

Ein Gedicht

Zwischen
dem Nichts
von gestern
und dem Nichts
von heute
steht
ein Gedicht

Ich denke an Rilkes Herbsttag-Gedicht

Mein Sommer war nicht groß
wenn ich ehrlich bin
er war nie da
blieb fern
wie vieler Menschen Sommer
fernbleibt
Sein Schatten
lag verfrüht
auf Sonnenuhren
und arge Winde
warn vorzeiten los

Vollendung
ohne Sonne
ohne Süße
überhaupt
wie sollte das geschehn?
Zu keltern
eine derart kümmerliche Traube
verlohnt sich nicht

Ein Haus
das hab ich nicht
und werd ich niemals haben
Allein
werd ich wohl weiter bleiben
und wachen nachts
mich ängstigen und sehnen

Das Lesen
ist mir schwer geworden
und lange Briefe schreiben
wer
würde sie denn haben wollen?

Was bleibt
von Rilkes Herbsttag mir?

Das unruhig Wandern
zwischen Jetzt und Niemalsmehr
und manchmal noch
ein Laufen durch Alleen
im November

und irgendwo
ein klitzekleines
unbestimmtes
Fetzchen Hoffnung

Herr es wird Zeit

Wandlung

Einmal hatte ich
schweigend und entschlossen
die Augen zugemacht
jetzt bin ich fast blind
und möchte sehen

Einmal hatte ich
schweigend und entschlossen
alle Schläge hingenommen
jetzt schrei ich auf
bei der kleinsten Berührung

Es ist Zeit

Es ist Zeit
irgendwohin zu gehn
nicht stehenzubleiben
auf dem nämlichen Fleck
nicht zurück-
zuschaun nicht
zu weit nach vorn
beides könnte
dich töten

Immer
zu neuem Aufbruch bereit
mit gutem Schuhwerk
versehen
Brot im Beutel
und einen Schluck Wasser
Hunger und Durst
rechne damit

Den Namen des Ortes
wo du ankommen willst
schreib deutlich auf
einen Zettel
für den Beutel

und
in dein Herz
leicht vergisst sich
was am wichtigsten

Es ist
eine schwere Zeit

Lief und lief

Lief und lief
auf Feuersandalen
die Erde brannte
überall
Ich konnte nicht löschen

Und jetzt
in der Wüste
alles gelöscht
Warte auf Feuer
das mich verbrennt

Komm Bruder Feuer
komm bin bereit

Das neue Alphabet

Und ich suchend
das neue
Alphabet

Buchstaben die
sich sträuben
sich weigern
einen Sinn
zu bilden
NICHTS
wollen sie sagen

Dennoch
ich lege sie
auf den Amboss
aufglühn sie im Feuer
Ich biege sie
im Schweiße
meines Angesichts
Funken sprühn auf
unter meinem Hammer

Heiß ist und hart
das neue Alphabet
aus dem ich Worte
schlage

Singe Hosianna

Das Gewicht der Erde
trag ich auf meinen Schultern
kann nicht
Hosianna singen

Das Gewicht der Erde
werf ich von meinen Schultern
singe
Hosianna

Mein Hort

Auf Fels
gestoßen
Ich ruhe

Fels lieber
mein Hort

Begegnung

Einander
mutig entgegengehen
aus den verschiedenen
Zeiten und Zonen

wer zuerst
die Hand reicht
auf der Brücke
ist so wichtig nicht

wichtig allein
dass wir's wollen
wichtig allein
die Begegnung
hoch
über dem Abgrund be-
rühren wir uns

II

HOFFNUNG TRAG ICH NOCH IMMER

Grüne Fäden

Zerstört die Hoffnung
auf Leben
auf wiederkehrendes Frühjahr
Winter wird bleiben denk ich
wir habens verdient

Da weht mir die Birke
grüne Fäden ins Haar
ich kanns gar nicht fassen

Und sie kommt sie kommt
Hoffnung aus allen Ecken

Du weinst

Schnee auf Kirschblüten
zwiefache Reinheit
Du weinst?

Winterblumen

Winterblumen
wuchsen mir entgegen
duftlos und kühl

Ich wollte sie brechen

Meine Hand erfror
fiel herab

Spätsommer

In jedem Sommer
zittert Herbst in mir
es kann kalendermäßig
Mitte Juli sein
Und seh ich erste Dahlien
Sonnenblumen
befällt mich Schwermut
und Vergänglichkeit
wächst mir entgegen

Vielleicht ist es
Verlangen
nach dem Sommer
der meinem Leben
fremd blieb
Und wenn die Rose
gar zu heftig blüht
empfind ich
nur die Dornen
und den Winter
und sehne mich wie sie
noch einmal
lodernd aufzublühn

Zum Himmel gesehn

Über eine Pfütze gestolpert
hineingeschaut
mein Zauberhaus entdeckt
zum Himmel gesehn
wiedergefunden das Licht

Gebärde

In leeren Händen
halte ich Leere
öffne sie
schließe sie

halte sie hoch
in den Himmel

Oktober I

Das Licht im Überflusse
hingestreut
doch Untergang ist näher
als die Hoffnung

Noch rollt die Sonne oben
rollt heiß und rot
Wie lange mag der Himmel
sie noch halten

Oktober II

Hüpfend
und tanzend
dem Ende entgegen
wie dieses Blatt

wer kanns

Mein Herbst

Nebelt der Abend auf
vor meinem Fenster
Herbstlicher Bittergeschmack
auf meiner Zunge

Landschaft vor mir
entrückt
in das Gewesene

Wo ist der Augenblick
Jetzt
ist nicht fassbar

Leere Hand tastet sich
quer durch die Dämmerung

November

Hoffnung –
die grünen Zweige
dürr geworden
die bunten Vögel
davongeflogen

nur der Rabe blieb
schwarz und
mit heiserem Geschrei

Hart wird der Winter

Vergebens dieser Frühling
dieser Sommer
mit Hoffnung unterm Herzen
die sich selbst
zu Grabe trug

Hart
wird der Winter

Im Licht

Und wir gehen
Hand in Hand
steigen über die
goldnen Wolken
in die rote Abendsonne

die kühle Erde
unter uns
und dunkel

wir aber
mitten im Licht

Zu schnell wird es Abend

Was hab ich versäumt
Als Kind schon zu scheu
war Rückzug gekonnter
als Spiel mit den andern
und Tanz in goldenen Schuhn

Zu schnell wird es Abend
auch wenn er ersehnt
Im Dunkeln leg ab ich
mein Kleid
und die Starre

Musik steigt auf

Ich stürze in einen blaugrünen Grund
Musik steigt auf
gurgelt mir um die Ohren
weht übers Gesicht
schattet die Augen mir ein
tränkt meinen Mund

Keiner der mir die Hand reicht
mich durch den Himmel trägt

Endlos die Zeit
bis die Sterne erblassen
ich ins Morgenbett falle
Tagstaub mich zudeckt

Lautlosigkeit

Diese Lautlosigkeit
in der die Zeit dahingeht
Ich werde müder kleiner
und bin im Grunde noch das Kind
das sich vor Großen fürchtet
das viel erwartet hofft

und sitzt und rührt sich nicht

Außerhalb

Das Fenster
offen
ein Vogel
singt süß

Ich seh
den Lindenbaum
gegenüber

ein Schmetterling
fliegt durch
meinen Blick

ich höre
Menschen
auf der Straße

Alles
ist außerhalb

Berührungsverbot

Sie sagen zu mir wenn ich
leide an so vielem
zum Beispiel am stumpfen Alleinsein
und dass ich die Nähe
zum Menschen nicht finde
nicht ohne zu fassen ihn spüre

sie sagen übertreib nicht
du hast es doch gut
wir sind um dich rum

aber rühr uns nicht an

Du atmest auf

Und neben mir
geh Ich
schweigend gebückt

Höre mich reden
mit der fremden Stimme

Du atmest auf
Ich aber weine
lautlos

Windgedanken

Bau dein Haus nicht im Wind
ich habs in den Wind geschlagen
Windgedanken tragen mich
windig geht es zu
Windsbraut bin ich
bin ich das

Wer hat sich eingemischt

Vorsichtig-zufällig riskier ich
in ein Spiegelglas zu sehn
Doch was mir da entgegensieht
das bin nicht ich
nein bin nicht ich

Wer hat sich eingemischt
und zwischen mich
und mich gestellt

Die weiße Frau

Sie kommt wenns dämmert
und der Garten tiefer wird
plötzlich stockt die Feder
mir beim Schreiben und ich seh
den weißen Schleier wehn
ein Huschen nur und schon ist
sie im Zedernbeet verschwunden
lauert wohl bis morgen

und mich schauderts

Geigerlein
(zu einem Bild von Marc Chagall)

Wie bist auf das Dach gekommen
Geigerlein
habn die weißen Tauben dich
auf die Flügel genommen
Sitzt aufm Stuhl
hast die Bein übergeschlagn
hältst die Geign so zärtlich im Arm

Spiel mir ein Liedel
von den Blumen und der weißen Sonn
und von meim lieben Großvater
der is tot
und von der Großmutter
die is auch gestorbn
und von meim schönen toten Vaterle
der keine Ruh hat in seim Grab

O Geigerlein mein Geigerlein
wart noch ein bissl mit meim Liedel

Prophezeiung

Du wirst
sagte Großmutter
verhungern
wenn du
so koscher bleibst

Die Wahrheit

Und leere
den Becher Wein
es ist Nacht
Die Wahrheit
auf dem Grund?

In meinem Becher
ist
Nichts

Auszug
(aus der Dachwohnung in Göttingen)

Es wird mir fehlen der
Apfelbaum vor meinem Fenster
wenn ich auszieh es wird mir
fehlen das Pferd das gute braune
auf dem kleinen Wiesenstück
es wird mir fehlen das Gefiep
Geschnalz der Stare und ihr Nestbau
unter meinem losen Dachstuhl

es wird mir fehlen der
weite Blick nach Friedland hin
von meiner schmalen Flugzeugkanzel aus

Weitsprung

Ich beiße die Zähne zusammen
federe ab
und spring los
Weitsprung

Diese Welt will ich verlassen
Werd ichs schaffen
sprunghaft
werd ich ins Leere fallen
oder festen Boden spüren

den Stern erreichen
auf dem ich angstfrei
leben kann

Werd ich werd ich nicht
werd ich ...

Heidelberg

Ich hocke nachts
am Neckarufer
Dunkel-bewegt ist und
süß-lockend der Fluss
Vom Berg gegenüber
springen die Lichter ins Wasser
Ich denke an Laternenkinder
sie wandern durchs Neckartal
allnächtlich
flussauf
flussab

Worpswede

Worpswede mit
der schwarzen Erde
und den weißen Birken
den riedgedeckten Bauernhäusern
und den dunklen Gräben

Worpswede mit
der stillen Kirche
und dem kleinen Friedhof
mit dem besondren Himmel
überm Weyerberg

Worpswede mit
der alten Mühle die
ihre Flügel in
den Himmel hebt
sehnsüchtig
wie ich

Mädchen mit Flöte
(zu einem Bild von Paula Modersohn-Becker)

In Paula Modersohns Bild möcht ich steigen
und das Mädchen mit der Flöte sein
das da geht auf sichern Füßen
unbeirrbar
geht und geht
und flötet seine Melodie
geht durch den Birkenschlag
und weiter in die Welt
und flötet seine Melodie
und geht und geht
und flötet geht

hat keine Angst

Das sinkende Blatt

Den Atem angehalten
vor mir
das sinkende Blatt

Noch einmal
vom Wind aufgehoben
hochtanzend
goldschimmernd
im Licht

letztes Glühen
Aufflammen

aber im Fallen
ist alles vorbei

Was wird sein

Was wird sein
wenn ich nicht mehr
an diesem Tisch sitze
die Sommerblumen im Glas
Margeriten und Phlox
den Weinpokal
nicht mehr umfasse
zum Munde führe
die Uhr stehenbleibt

Was wird sein

Der Künstler
(für O.K.)

Das ist
ein langer Weg
nach innen
sagte er
und schüttete
sein Füllhorn aus

überreich
an Bildern

Ins Wärmeland wollte ich schiffen

Mein Schiff
ist gestrandet
zerschellt am Eisberg

Ins Wärmeland
wollte ich schiffen
ins grüne blühende
und hatte nichts weiter
als Hoffnung

Die nahm mir bald
ein heftiger Sturm
ein eisiger Wind
der mich abtrieb vom Kurs
und weiter aufs Meer
in kaltes Gewässer
in Wüste aus Eis
wo Leben erstarrt

Mein Schiff
mein Haus
Ich
zerschellt am Eisberg

Suche

Ich lauf nicht mehr in den Wald
zu den Bäumen
spring in den Bus und fahr
in die Stadt
renn herum such Nachbar Mensch
erreich ihn nicht
setz wieder mich ab
bin enttäuscht

Es sei denn

Wir können
einander
nicht mehr helfen

es sei denn
einer
hätte die Liebe

Die Schwalbe

Schreib an dich Briefe
kilometerlang
auf Silbermondpapier
Tauche die Feder
in samtdunkle Nacht
Ein Stern ist mein Siegel

Goldschöner Liebster
siehst du nicht
die Schwalbe vorüberziehn

Ende einer Liebe

Es bleiben noch
die Scherben
die ich sammeln kann
Blutspuren
hinterlassen sie
auf meinen Händen

Verheißung

Wo du bist da ist es dunkel
Schatten wachsen mir entgegen
Stöhnen und Wehklagen
Geschlagen hast du die Deinen
musste das sein

Doch du sagst:
Glücklich und selig
die Armen im Geiste
und alle die Kleinen
auf dem Weg zu mir

Advent

Bitte
schenke mir
einen Advent
sagte
der kleine Junge
zu mir

Ich wünsche mir
von dir
nur
einen Advent

Dichten

Dichten:
eine Sprache sprechen
die wortübersteigend
Herzen berührt

Wortreich

Lallend
waren wir uns gleich
lallten wir doch
ein und dasselbe

Und übten
das Sprechen
jeder
mit anderm Akzent

Nun sprechen wir
wortreich
aneinander
vorbei

Doppelzüngig und einäugig

Doppelzüngig
und einäugig
finden wir lustig
was ernst
und komisch
was tragisch ist

Doppelzüngig
und einäugig
gehn wir einher
meinen es gut
mit allen
und schlecht
mit uns selbst

Wer ruft noch

Wer
schreit noch
und ruft noch
zu dir Himmel

Ist nicht alles
erschreckend
(auf-)
gelöst
dass kein Schreien
und Rufen
mehr bleibt?

Wo ist meine Stimme

Wenn ich aus meiner blassen
Unwirklichkeit auftauche
möcht ich ans Fenster
oder auf die Straße stürzen
durch Dörfer Städte ziehen
schrein
bis auch die andern Schläfer
auftauchen
aufwachen
mitziehn
mitschrein

so laut so stark
dass allen Herrschern dieser Welt
das Blut stockt
sie erschrecken
dass ihnen heiß wird
wieder kalt
dass ihnen widerfährt das Menschliche

die Angst sie trifft
der Wahnsinn den sie lenken
grell einleuchtet
und sie niederknien
der Todessucht abschwören
und der Gier

den Feind umarmen
und den Bruder küssen
in Gärten ziehen
wieder Bäume setzen
und weiße Tauben
um die Erde schicken

Aber wo
ist meine Stimme

Was
wenn ich die Welt
nur leise durchliebe

Vergib

Deinem Atem
entsprungen
zu Mördern
geworden
die Erde
zerstört

vergib

Steh uns bei

Heiliger Geist
das Ende ist nah steh uns bei
Du allein kannst unsere
Umkehr bewirken
Du allein weißt die Richtung
die wir einschlagen müssen
Du allein kannst
die steinernen Herzen bewegen
Du allein uns zu Brüdern
und Schwestern machen
im Namen des Vaters des Sohnes

Dieser veränderliche Himmel

Dieser veränderliche Himmel
schon ist er wieder vorüber
mit seinen Wolkenpferden
einförmig spannt sich das Tuch
der Tag ist gelebt
so eben dahin

Abend – ich horche nach innen
Verheißung ist nicht gegeben
aber Hoffnung trag ich noch immer
mit in die Nacht

Und am Morgen
ich möcht gar nicht hinsehn
erneut
dieser veränderliche Himmel

Hoffnung

Auch über diese trübe Stadt
ist der Himmel gespannt
und Jahreszeiten zugelassen
Der Sommer kam heuer
mit blaugrünen Tagen
Schmetterlinge stellten sich ein
umkränzten die Buddleja
am Ende übertrafen die Hortensien
sich selbst an Blüte und Farbe
und viermal blühten die Primeln
Das Geißblatt noch üppig
erwartet den Frost

Ich spinne mir einen Kokon
aus Wolle und Sommergedanken
geh rückwärts ins Schneckenhaus
richte mich ein wie im Frieden
verzehre den Bratapfel heiß
träum nachts vom Letzten Gericht
hoff tags auf wiederkehrenden Sommer
auch für diese Stadt

Dein Glanz macht es aus

Sonne du Mutter der Erde
ohne dich fehlt uns Hoffnung und Leben
Wenn trüb die Tage
voller Nässe Woche um Woche vergeht
wird auch der Leichteste schwer
und heitre Augen sucht man vergebens

Dein Glanz macht es aus
auf jeglichen Dingen
auf Blumen und Häusern
auf Menschengesichtern
dass wir uns weiterbewegen und sind

Ich lebe

Nach langer Abwesenheit
die Augen geöffnet
es regnet
Ich sehe
Regen ist schön

Ich lebe

Was mir gehört

Weißes Pferd auf meiner Wiese
Meine Wiese sag ich
wo mein Auge sie nur hat
Auch mein Pferd
und auch mein Baum
Und mein Haus

Aber mir gehört nichts
nichts auf dieser Welt

Oder alles dies

Von Auferstehung singen

Die Schatten hinter sich lassen
als wären es Winterkleider
Die hellen Gewänder des Sommers anziehn
mit leichten Sohlen einhergehn
schmetterlingsgleich
als wäre die Erde ein wärmender Stern
Von Auferstehung singen

Wer das kann

Über mir blühn Rosen

Mit den Steinen sing ich
steinernen Gesang
nehm ihn mit ins Grab
lass ihn klingen unterwärts
bis ich aufersteh

Über mir blühn Rosen

III

HERZSPRÜNGE

Wird sich meine Zunge lösen

Wird sich meine Zunge
einmal lösen
dass ich Dinge sage
die mir hinterm Auge stehn

Herz-Sprünge

Viele Knicke verträgt
mein Herz viele Schrunden
fortwährend ein Riss
aber es hält
wie böhmisches Glas

bis es
wer weiß wann
zerspringt

Nachtsinfonien

Nachtsinfonien
mit schluchzenden Stimmen
die Angst
hat Hoch-Zeit

Fiebernd
halt ich mein Herz hin
dass es singe

Melodie aus Eis

Betrübnis hängt sich bleiern
um die Herzen
Schnee rauscht aus grauem Himmel
stäubend nass
Wo sind die Vögel alle hingezogen
die sonst auf meiner Wiese weiden

Das Haar der Birke hängt in Strähnen
der Schnee fegt drüber
bleibt zuweilen im Gewirre haften
und friert des Nachts
zu kleinen Kugeln
die klirren
wenn der Wind hineinfährt

Und diese Melodie aus Eis
berührt mich
taut das Bleiherz auf

Glück-Suche

Auch heute das Glück nicht gefunden
Waren die Augen zu trüb
wars versteckt unter unnützem Kram
den ich beiseite geschoben
wars auf der Höhe
oder im Graben
den ich links liegengelassen

Wo blüht mir der Mond

Wo blüht mir der Mond
Mein Himmel bleibt duftlos

Tränengärten hab ich durchwandert
Geruht auf dem Stein
der weißen Schlange

Da kam die Nacht und warf
ihre Sterne mir in den Schoß

Ohne Angst

Ohne Angst sieht mich heute der Morgen
trotz der Schwere
die hinter jeder Wegbiegung droht
Blass ist der Himmel
über mein Dach gezogen
ohne Wetter zeigt sich die Welt

Wie werd ich sie sehen am Abend
wenn der Tag mir das Herz durchschnitten

Der Besuch

Aus bleichen Feldern
bin ich heimgewandert
in mein verlorenes Exil
Du hast die eisernen
Tore geöffnet
und Gold
sprang über die Stufen

Violetten hüllt Wärme
ihre Arme um mich
Wir sitzen beisammen
Brechen der Liebe
schwarz-duftendes Brot
trinken den rubinfarben
nächtigen Wein
Die Nähe schlägt Flammen

Unsre Worte steigen
blau in die Räume
fließen farbig und rund
in des anderen Seele
Die Flügel wachsen uns
mitten im Herzen
Und Schweigen beschattet
die Glut

Die Frage

Was hast du getan
wirst du fragen
Hast du mit deinen
Brüdern geredet
hast du Gefangne besucht
und Kranke getröstet

Und eine Stummheit
befällt mich
riesengroß
die Fische wären
beredter

Warum

Immer haben die Mächtigen uns
das Elend beschert
immer den Kleinen die Luft
zum Atmen genommen
das Brot das Haus
den Mann das Kind
Zum Sterben warn wir allezeit gut
Nicht einen eigenen Tod
haben sie uns vergönnt
dahingeschlachtet
erschossen vergast
Massentode mussten wir sterben
Unser Staub weht sie an
durch die Jahrtausende
klebt an ihren Händen und Füßen
bedeckt ihre Augen
von keinem Wasser
reinzuwaschen

Wann
verliert einer sein Herz
sein Erbarmen
er hatte doch Seele
in der Mutter Leib

Warum
macht Gottes Allmacht kein Ende
Rührt ihn das Elend der Zertretenen nicht
nicht der Kinder gebrochene Augen

Höre die Steine eh sie verstummen
ihr Kyrie dringt
mit des Staubes Stummheit zu Dir

Aufruf

Lass die Hände von den Granaten
o Mutterland

Schick die Söhne
heim zu den Bäumen

Der Alb erdrückt das Kind

Lass es nicht zu o Mutterland
o Vaterland du

Erde erlöste

I
Das Opfer des Kain
ist eine Giftwolke
grün züngeln die Flammen
und Vögel sterben im Flug

rot sind die Flüsse gefärbt
bäuchlings treiben die Fische

Dass Abel dem Bruder verzeiht
dass Abel uns verzeiht
wir können nur beten

II
Erde vergängliche
gewandert bin ich
in deinen Falten
die Täler und Höhn
hab ich durchlitten
die versehrten alle
deine Städte
will ich durchlieben

III
Erde erlöste

Rühr mich nicht an

Deine Schwermut
kommt mit dem Regen
der nachts
an mein Fenster schlägt
Die Tränen aber
weine ich

Rühr mich nicht an
steht groß
auf deiner Stirn geschrieben

Ich trage die Trauer
deine meine
trage die Bilder
die mir dir
schatten die Stirn
und die Seele

bin gefüllt
randvoll
mit dir
mir

Lied überm Staub
mit Ingeborg Bachmann gesprochen

Deine Stirne flieht
vor deinen Augen
Engel mit dem Glockenwort:
Das Unsägliche geht
*leise gesagt übers Land**

Leih mir dein Wort

Dein Lied überm Staub
Schwester
trägt mich auf des Adlers
geschundenen Flügeln
durch die angstblinde
gefesselte Zeit

Nacht ists um mich

Leg mir die Hand auf das Aug
dass mich kein Schatten versengt!

* *Aus Ingeborg Bachmann, Gedicht „Früher Mittag"*

Mensch – Erde

Mensch – Erde
noch sind wir verwandt
und beisammen
Aber im Ewigkeitsraum
jeder für sich

Ist das der Schmerz
wenn ich die Rose anseh?

Kretischer Mittag

Das Meer glatt wie ein Teich
glitzernde Sonnenflecken auf dem Wasser
Wie still
es an dem kleinen Fischerhafen ist
Drei Männer nur entwirren gelbe Netze

Ich sitze auf dem blauen Stuhl
mit einem Schritt wär ich im Meer
Schönwetterdunst umspielt
die schroffen Berge
Die Hitze flimmert mir vorm Auge
umschaukelt meinen Körper

Ist das noch Zeit
in der ich mich bewege
Häng ich im Jenseits
oder wo
Hat Ewigkeit geschlagen
Was ist Jetzt

Namenlos

Ich schreibe meinen Namen in den Sand
schreib ihn in Stein
in Erde
schreib ihn in Luft und Wolken

in den Regen wein ich ihn
in die Sonne brenn ich ihn

versengter Name
ausgelöscht
im Meer ertränkt
von den Vögeln fortgetragen

Erinnerungs-Schwierigkeiten

Erinnerung du tiefer Graben
kein Wasser das ich trinken kann
kein Spiegel zum Befragen
und alle Zeit versickert

Wo ist der schöne klare See
der wie Verheißung aussah
darin sich Himmel Erde spiegeln
und Engel ihre Unschuld tauchen

Hat Zeit von gestern
diesen See verdorben
Ist sie versickert
statt sich zu erfüllen
Sind es Gedanken voller Fäulnis
die sich abgelagert
und Zeit von heute
gnadenlose Zeit die trübt

Fährmann

Fährmann mit den roten Haaren
wann setzt du über
holst mich
Wird deine Stimme mir vertraut sein
Werd ich erschrecken
mich betäuben und verstecken

oder dir entgegentanzen

mit offnen Armen
deinen Ruf begrüßen
und dein Boot
zur letzten Hoffnung machen

Letzte Ruhe

Goldherzen fallen von den Linden
Schmetterlingsflügel von den Akazien
auf den Totenhügel
Allerseelentag

Die letzte Ruhestätte

Ach mög es die letzte nicht sein

Lass mich aufstehn und ruhen zuletzt
unter den Bäumen im Paradies

Hole das Herz heim

Wir haben die stillen
Nächte verloren

Du durchwachst das Grauen
mit geöffneten Augen
und der argen Zeit Lärm
klappert neben deiner Schlafstatt

Schließe die Augen
bleib wachsam
Hole das Herz heim
mach eine Wendung
Und es kann geschehen
dass einer dich ruft

dich über die Grenzen trägt
in einer heiligen Nacht

Gebet
mit Else Lasker-Schüler

O Gott schließ um mich deinen Mantel fest*

Es ist kalt und zugig in der Welt
Egoismen blühn
Selbst auf der Stirn des Freundes
schlagen sie aus

Laute Bilder schreien in den Straßen
grell springen sie in Innenräume

Die Propheten sind davongegangen
nur Tote kann ich rufen

O Gott schließ um mich deinen Mantel fest

* Aus Else Lasker-Schüler, Gedicht „Gebet"

Nackte Hoffnung

I
Schmerzangst Folterangst
weil der Geist
meinen schwachen Körper
nicht trägt

II
Vor meinem zerbrechlichen Leben
steh ich staunend
und seh was es aushält

III
Wenn ich die Leere
nicht fülle mit dir
bin ich Nichts
bin verlorn

Vergänglichkeit – Ewigkeit

Wie schön ist der Himmel
über meine Stadt gebreitet
an ihren Enden vertäut
Tief unten hängen die pausbackigen Wolken
jagen nach Westen hin über die Felder
streifen am Stadtrand die Giebel der Häuser
Große Hand zaust an den Wolkengetieren

aus einem langmähnigen brüllenden Löwen
macht sie ein sanftes flockiges Schaf
zerfetzt dunkle Ränder
eines fliegenden Drachen
und ein Schmetterling schwebt
davon und vergeht

Gleich den Wolken
jagen meine Stunden und Tage
die dunkel verknoteten lösen sich
mählich auf
Wolkenschaum bleibt zurück
weht über den Himmel
wird Licht

Ströme zum Leben

In Tränen schwimm ich
o Ströme zum Leben
ausgelöst durch das Wort
das Liebe-Wort
Du hast der Erstarrten
zu essen gegeben
alle Hunger kamen zusammen in mir
alle Durste

du hast Wort-Manna gereicht
Quellwasser
und ich ströme
Salzwasser Freudenwasser

o Ströme zum Leben
durch das Wort
das Wort ohne Ende

Wir aus Sternsand

Wir aus Sternsand Geschaffne
treiben dahin wie im Flug

manchmal aufleuchtend
in Milchstraßenbahnen
verlöschend zuweilen in Schwärze
die namenlos bleibt

und wieder aufleuchtend
am ewigen Himmel

Zeit mit der Zeit zu beginnen

I
Zeit mit der Zeit zu beginnen
die Augen aufzuschlagen
ins blendende Licht zu sehn
die Abendschatten zu grüßen

und den Schmerz
am Dorn der Rose
als Lebenszeichen
willkommen zu heißen

II
Zeit Zeit
alt geworden bist du
unter meiner Stirn
nur der Augenblick
ist jung

Mein kostbarer Augenblick
ich halt dich im Arm
lass dich los

146

IV

DIE SCHATTEN
HINTER SICH LASSEN

Der Schatten

Seit meinen ersten Schritten
unbehaust
Da war der Krieg
die Flucht
Aussonderung am fremden Ort

Das Leben hing am Kreuz

Ich sah die andern
sich umarmen
hassen
die erschrockne Seele
hatte Nichts

Da wuchs ihr aus dem Nichts
ein Schatten zu
ein Schatten
der sie nicht mehr lässt

o Schatten
den ich nicht mehr lass

o Antwort aus dem Nichts

Angst-Tier

Die Angst dieses Tier
es ist kein Entkommen
Seine Tatze
fasst Leben und Tod

Doch wir
mit dem Odem des Lichts begabt
tragen
auf unsrem zerbrechlichen Leib
unsterbliche Zeichen

Dem Tier gehn über die Augen

Kuckucksruf

Das grüne Licht der Lärche
Holunderblüten
wachsen in den Sommer

Wo bin ich angesiedelt wo

Der Kuckuck ruft
Wie oft wie oft

Ich zähle nicht

Pfingsten

Gewartet
Zeichen sind nicht erschienen
Im Käfig sitzt das Menschentier

Taube
Lichtstrahl
Feuerzungen
Dunkel bleibt es
und wortlos

Ich trinke Wasser
Ich trinke
Die Hände tauch ich in Wasser
Ich tauche meinen Kopf

Zeichen nur Zeichen

Ich Menschentier
mit dem gesalbten Haar
mit den weinenden
und stummen Händen

Herbstgold – Herbsttrauer

Gold hängt
zuweilen in den Netzen
der Narren
die mit den Schmetterlingen
letzte Stunden durchfliegen

Aber der nasse Wind
lässt nur wenig Glück zu
Den Goldstaub
bläst er kurzerhand fort
die Augen der Träumer
werden nass
Kalte Regenschauer
verbittern die Brombeern

Und Gärten versinken

Klagemauer Nacht

Nacht Nacht
Ich schlage mein Herz
an die Steine der Nacht
Falte die Worte siebenmal
füge den Schmerz
in die Spalten der Nacht

Schreie im Dunkeln

Weltnacht deckt zu

Das große Du

Der Tag fern ungläubig erwartet
an dem das Du auf meine Lippen springt
Der Tag fern oder die Nacht

Lachend wird es von den Bergen rufen
Die Felsen werden weinen
wenn es kommt das herrliche Du
An einem Tag fern in einer Nacht

Mein Leib wird singen

Blühend im Winter geh ich heim
das große Du auf den Lippen
An dem Tag fern in der Nacht

Mein Atem

Mein Atem
wächst grün über mich hin
mein Atem

Du lockst die Blüten
lässt zu
dass es wächst

Fragst nicht nach Gewinn
Unkraut darf sein

Wächst eine Rose mir zu?

Wir warten

Vielleicht
trag ich Arme voll Blumen
nachhaus
wenn der Engel mich ruft

Meine Füße

Meine Füße
Wunden die brennen
Meine ungeborenen Füße
Kinder aus Licht

Meine Füße
wachsen unter meinem Herzen
Meine Füße zarte Lämmer
Meine Füße störrische Esel
Schleppende Füße
leichte und helle Füße

Verschlossene Füße
unbewegliche

Tanzende Füße
wann

Meine Füße
ich trage sie aus
Sie ziehn mich zur Erde
Sie gehen davon
lösen sich auf

Füße bleibt
bleibt bei mir

Noch immer der Traum

Ich breite die Arme
Nichts
nur
ein Baum
ein zerstörter

Noch immer der Traum

Nietzsche umarmte das Pferd
und wurde verrückt
oder
war er verrückt
umarmte den Gaul
und fand Trost

Also was tun
Ich umarme
den nächstbesten
Baum
den zerstörten

Spiegelgesicht

In meinem Gesicht
das andre Gesicht:
zerbrochner Spiegel

Drei Augen
im Außengesicht
Das ältere dunkle
Innengesicht
Spiegelgesicht

Wer nun bin ich

Die innen
die außen Gefasste
Dreiäugig
zweiäugig
jung oder alt

Blick in die Welt
Wer sieht dich an

Hört mich einer

Baum du weinst
Baum du schreist
leise
laut
keiner hört dich
keiner

Baum ich weine
Baum ich schreie
leise
laut
hört mich einer
keiner

Baum wir weinen
Baum wir schreien

Stille

Baum du wirst sterben
Baum lieber

Baum ich werde sterben
Baum lieber
wir werden sterben

Still
da ist Einer

Pusteblumen

O wie konnte ich vergessen
die Löwenzahnwiesen im Mai
Grüngold in den Himmel getupft
Goldgrün auf die Erde gestreut
sonnensingende Heiterkeit

Und später im Juni die Lichter
die Wolken der fliegenden Samen
Pusteblumen-Kinderträume

Vergänglichkeit Ewigkeit
schöne o bleib

Allerheiligen

Allerheiligen Allerseelen
anders als vor Jahren
Keine Messe morgens oder abends
Doch dieses Gefühl von Achtsamkeit
diese besondere Trauer
Leere
Suche nach den Verstorbenen
Suche nach Licht

Eine Kerze anzünden im Haus
Ewigkeitslichter am Grab
sie brennen rot

Chrysanthemen Heidekraut
streng und bitter
Abschiedsgeruch
Dazwischen eine weiße Rose
eine rote duftend
nach Liebe und Erinnern

Und die Blätter sinken
auf uns auf die Gräber
schütten zu die Sehnsucht
die Träume die Liebe

Und wir gehn
- seltsam nackt -
in den Winter

Tot und lebendig

Sie sterben Jahr für Jahr
auferstehen neu

Wenn Saft die Bäume reizt
und Blüten überschäumen

Wenn Hitze meinen Körper brennt
und ich erschaure

Wenn Heimweh jede Zelle anrührt
und sie durch Nächte wandern

Tot sind die Toten und lebendig
wie es Kassandra oder Sappho
und Tote aus Treblinka sind
die ich nie küsste nie berührte
aber sah

Lied der Nachtigall

Das Lied der Nachtigall
heb ich ans Herz
trag es zuinnerst
Tag und Nacht

Zwischen meine Lippen
bette ich das Kleinod
damit es den Alb
von der Seele mir hält
damit ich die Wunden
der Welt übersteh
damit ich im Frost
nicht erstarr

Flaumleicht
ist das Glück
so verletzlich
es verfliegt
wenn mein Gedicht
es nicht schützt

Dein Lied
Nachtigall
wird
überdauern

Erdnähe

Ich lief übers Feld
erblindet und lahm
legte mein Ohr
an die Erde
Es pochte das große
Erdherz an mein Herz

Ich küsste die Erde

legte sie
auf meine Augen
den Mund

kostete Leben

Ölbaum auf Thasos

I
Ölbaum fremder
geliebter König der Bäume

Aus Wurzeltiefen
windest du dich zum Licht
verknotet den Tagen und Nächten
ausgehöhlt von Gezeiten

Wie ein Tier auf dem Sprung
grau wie Stein unbeweglich
Verwandlungskünstler
du mit dem Licht

Früchte schenkst du
Zeit die nicht endet
Verschwender
von Gottes Gnaden

II
Gern ruh ich an deinen Wurzeln
sitze auf dem geschundenen Stamm
dein Blattwerk schüttet
mir Licht ins Gesicht
sprüht Himmel in meine Augen
Ich überdenk meinen Weg
und die Jahre

hoff auf die Zeit die bald endet

träume von Zeit die nie endet
die gefüllt ist mit Duft und Gesängen
dem Rauschen des Adlers

enthoben bin ich aller Irdischkeit
bin eins deiner Blättchen
unterm großen griechischen Himmel

Ich sehe die vor mir gewesen
und die nach mir kommen
und gehn

Ölbaum mein Bruder

Sapphische Lieder

Sapphische Lieder
trägt manchmal der Wind
an mein gemartertes Ohr

Von Freiheit
singt mir
die Bernsteinäugige
an dunklem Ort
liegt die meine verscharrt

Wie ein Schatzsucher
will ich graben
dich heben
Freiheit
du vielumworbne
missbrauchte
leichtfüßige

von der mir die Schöne
Unbestechliche
singt

Sapphos Bild
(für L.R.)

Wie die Sappho kann ich nicht dichten
nicht lieben
und kreise doch um die Liebe den Tod
Aber die Leier hab ich verloren
den Gesang mit den Schwestern

Du gabst mir ihr Bild

Wie kann ich sein die ich bin die du meinst
Muss ich sein die ganz Andre die Fremde
mir selber unheimlich ein Rätsel
um zu sein die ich bin

Sappho – du Schöne
Eine Locke nur hab ich von ihr
und den Stift

Hommage an Else Lasker-Schüler

Du hast viel Liebe gelebt
Dein Herz war Rubin
Blau deine Träume

Du spieltest mit Prinzen
und Wüstenreitern
Warst selbst ein Prinz
eine Königin

Hast die Freunde besteckt
mit Korallen
hast ihnen Pappschwerter geschenkt
Kronen aus Sand
bunte Schlafteppiche

Bist als Jussuf vorneweg geritten
auf deinem ungestümen Kamel
Schenktest den Gefährten Wildpferde
dir zu folgen

Sie waren immer langsamer
Voraus warst du
in der Liebe
und im Sprung
Warst treu bis nach Jerusalem
Dort spieltest du im Basar mit Klickern
und auf der Straße mit Kindern
Gedichte sandtest du nur manchmal aus

Deine Rufe verstummten
Jetzt wusstest du
dass du bald sterben musst
So allein im verheißnen Land
ohne Spielprinzen
ohne Propheten und Hohepriester
Sie waren alle zurückgeblieben

Aber der Jordan leuchtete
Die Wüste glühte deine Tränen auf
Die Mutter kam wieder
und das Kind
Dein Herz floss
über die Welt bis
nachhaus
Endlich

Jerusalem du warst nicht golden
(für Else Lasker-Schüler)

Aus der Heimat
in die Heimat vertrieben

Jerusalem du warst nicht golden
Hieltest deine Schätze zurück
Niemand kannte Jussuf
Prinz Jussuf
der heimgekehrt war
an deinen Steinen
zu sterben

Dein Zimmer lag hoch in der Luft
Schwarzer Schwan Israels
Niemand wollte den Fuß zu dir setzen
Niemand gab Liebe-Brot

Die Lieder zerrissen
an der Klagemauer
Du stecktest Zettelchen
in die Ritzen
Adonai schwieg

Da schicktest du
deine Gedichte aus
Sie flüsterten sich durch
die Tore Jerusalems
auf den steinernen Hügel

bis dein Grab aufsprang
Und die Kinder zu singen begannen
als man dein Herz fort trug:

O Mutter küss mich zu dir

Indianermann

Das war der Tag
es bleibt die Dunkelheit
kein Auge sieht mich an

Wen höre ich
in meinem Nachtgewand
wen sehe ich
mit meinem Innenaug

Du setzt die Feder auf den Kopf
verbeugst dich tief
dein Mund bleibt ernst
dein Auge sieht mich an
und sieht durch mich hindurch

Du weißt was ich nicht weiß
Du siehst und hörst
in einer andern Schicht
und gibst mir Zeichen
die ich nur erkenne
wenn ich achtsam bin

Indianermann
ich schau dich an
und finde Halt
in deinem Blick

verneige mich getrost

Felsenfrauen von Graciosa

Steinerne Frauen
stehn mit den Füßen im Meer
Lava rinnt durch ihr Haar
Grün springen ihre Hüften
und wild
Schatten umspielen den Schoß

Die steinernen Frauen
locken mit stummen Gebärden
stehn Hand in Hand
fassen mich an
zum Tanz über das Feuer

La Graciosa 1998

I
Meere halten dicht
um mich zu schrecken
Die Flut steigt an
und Wellenberge
wachsen an mein Herz

II
Sand rinnt durch meine Finger
Dünensand der Feuerinsel
Die Wolken ziehen
unbeteiligt weiter

Ich löse mich vom Festen
Bin ausgehöhlt
von Wind und Wasser
Auf Feuerstein gelegt
in neue Form getrieben

Regen-Gedanken

Regen weint
an meinem Fenster
Tage Wochen gehen hin
Sommer-Ende

Jetzt ist jetzt
und wo bin ich?
Im Warnochnicht
Im Schonvorbei
im Morgen
Wirdnochwerden?

Nicht gestern
heute
übermorgen
dazwischen
stecke ich
von allem etwas
mitbekommen

Vielleicht heißt das:
geborgen sein
im Augenblick
in Ewigkeit

und nirgends sonst
zuhause

Heiliger Abend in Wuppertal

Ich geh im Park spät nachmittags
auf Winterwegen hin und her
Ich suche Weihnachten

Viel schönes Licht fällt
auf die Stadt
Statt Grau gibt es heut blaue
rosa Häuser goldne Türme
Und zwischen Buchenstämmen
in dem Parkwald
himmlisches Silberlicht
Warm wird es mir
in meinem Alltagskleid

Weihnachten seh ich nicht

Ein Junge kurvt auf seinem Fahrrad
mir entgegen dann
langsam übern steilen Rasen abwärts
Im roten Anorak ein Walker
kreuzt meinen Weg
Die alte Frau mit ihrem Hund
geht stumm vorbei

Weihnachten seh ich nicht

Wo hält die Heilige Nacht
sich heutzutage auf?
Ist sie verborgen vor dem Jetztzeitaug?
Ist sie vorbei für uns?

Ich suche
suche nach dem alten Wunder
Lauf weiter laufe heim
und finde nichts

Es läuten Kirchenglocken
aus dem Tal
Erinnerung und Trauer

Erwachsen ist das Kind
Die Krippe find ich nicht

Obdachlos

Wärme ist nicht
Abwehr dringt durch die Mauern
Warum bleib ich stehn
bin wie gebannt

Elsa bot mir ihr Heim:
die offene Straße
Zeitungen
eine Decke
eine Zigarette
Ich war die Beschenkte

Warum such ich
weiter Wärme und Schutz
in verschlossenen Häusern

Technozeit

Ich in der Technozeit
gebrauche alte Worte
Geh durch den Wald
und sage

Licht
springt
die Buchenstämme
rauf und runter
und
wunder-
bar ist dieser Augenblick

presst mich in Enge
dass die Haut schmerzt
schleudert in Weite
die zu begehn
ich scheu

Das macht der Himmel
der nicht zu fassen
doch Resonanz
in meinem Körper hat

Kein Mausklick
kann mich ziehn
in andre Zeit

blasses rosa

heckenrosen
wilder mohn
päonien
rosa allesamt und blass
nicht feurig rot
wie sie in meiner
seele wachsen

begreifen
dass mein leben
blasses rosa ist
nicht rot
nicht feurig
in die augen fallend
nur blass verregnet
wie die wilde rose

manchmal
in der sonne leuchtend

familienstreit

verständigung
nicht möglich
die fronten verschärft
spitz und schmerzend

standpunkte entfernen
sich himmelweit
wege abgeschnitten
isolation
sich durchsetzen brüllen
ist die devise

zorn bitterkeit springen
quer durch den raum
die atmosphäre vergiftet
die sprache in fetzen
getrübt der blick
getrübt der durchblick
bleiern das herz
das kalte herz

Versöhnung

„Wie sie die Luft
mit Schmerz anbrennen"
Nelly Sachs

I
Kein Raum zum Atmen
alles durchschwärzt

Dein Atem aus Licht
deine Versöhnung
öffnen den Raum

Atmen wird möglich

II
Die mit dem Vogelherzen
suchen eine Wolke
die sie trägt in ihr Land
sie werden nicht heimisch

Schon wachsen
Flügel aus Schmerz

Zögerlichkeit

Nun kommen die Tage daher
wie ein Fluss
du kannst ihn nicht aufhalten
nur eintauchen
mitschwimmen
mittreiben ein Stück
Gewitter grollt über dir
und du bist bang
dass der Blitz in dich fährt
Wasser zieht Feuer an
zumal bei Gewitter
(sagte die Großmutter
und du brauchtest die Füße nicht waschen
damals)

Alles ist anders
und ähnlich wie damals
Du konntest nicht schwimmen
und kannst es immer noch nicht
Der Fluss bleibt und zieht weiter
wartet nicht auf dich
und deine Zögerlichkeit
Du läufst nebenher
eine Zeitlang
Aber das ist es nicht
mitfließen
im Fluss sein ist anders
Was zögerst du und warum?

Was ist das Leben

Was ist das
Leben was ist Tod
und was bin ich?
Befindlichkeit ein Zustand
gar ein Traum?

Das Ich geht hin und her
und plötzlich ist es aus
vorbei
ist Asche Erde Nichts

Wo kommt das hin
das Seele ist
Empfindung Geist Gefühl?

Was ist die Zeit die an dir nagt?
Veränderung von Materie?
Metamorphose einer Seele?

Du weißt es nicht und gehst
und gehst bis dass du fällst
und alle Fragen mit dir nimmst
und alles sich auflöst

Immer Einzelne

Immer stehn Einzelne auf
tragen ihr Herz auf der Zunge
legen ihr Wort
in die Wunde die ist groß

Furchtlos
sagen sie ja sagen nein
sagen weiß sagen schwarz
Die Nichtmenschen
schließen die Ohren

Wir treiben
treiben wohin
dem Ende entgegen
dem Beginn

Am Anfang das Wort
auch am Ende

Das Licht

Könnte ich malen
das Licht
das im Augenblick ist
und vergeht

Könnte ich malen
und halten den Trost
dieser Wirklichkeit

188

V

WINTERSOMMER

Schattenspiel

Die Sonne malt
auf meine weiße Wand
ein Schattenspiel

Ich sehe die Bewegung
sonst ist
Nichts

Schatzsuche

I
Der Baum vor dem Fenster
verliert seine Blätter
Ums Haus treibt der Fuchs
und sucht eine Bleibe
Der Schmetterling flieht aus den Gärten
Und Krankheit wächst über das Tor

II
Die Zeichen des Lebens
Die Zeichen der Hoffnung
Ich suche nach dem Schatz

III
Die Rose blüht rot
Die Rose blüht weiß
Ich lasse sie stehn
Ich breche sie nicht

Ich schenke dir ein Gedicht

Abschiednehmen

Tägliches Abschiednehmen
von Menschen die gehn
vor denen ich geh

von Dingen die mich überleben
der standfeste Tisch
die Bücher lesbar noch lange

Fraglich das Überleben
der Zeder des Ahorns

Ich – du
Staub und Knöchelein

Aber die Seele

Erdendasein

I
Nach Mond-
und Sonnenjahren dort
bin ich aufgestiegen hier

Nun wandle ich
traurig-beglückt
auf diesem Planeten

II
Anbinden
an diese Erde
jetzt noch einmal
anbinden

um den Himmel
zu erreichen

Der Himmel küsst mich

Der Himmel
küsst
meine Stirn
meinen Mund
Er küsst mein Herz

Der Himmel küsst
und küsst mich ganz

vorbei

Die schwarze Frau

Wer war die schwarze Frau
die mir die Unschuld raubte
die mir verdunkelt hat
jedweden Schritt

Und wenn sie wiederkommt

Ich laufe nicht davon

Rot bin ich aufgeblüht

Rot bin ich aufgeblüht
und gläubig
Ich war aufgeblüht
ging deinem Licht nach

Da kam der Schatten
warf seinen Mantel

Ich bin dunkel
verglühe

Welche Wirklichkeit

Du der Stein
Ich der Schatten des Steins
Du der Baum
Ich des Baumes Schatten
Du das Licht
Ich Dunkelheit

Welche Wirklichkeit

Nur der Stein weiß
Nur der Baum
Ohne Licht lösch ich aus

Zieh den Schatten ins Licht

Wüstenbrand

Die Wüste brennt
Gefahr Gefahr
Worte tanzen
wie Flammen

Wagt es die Quelle
den Durst zu stillen

Die Wüste brennt
Und blüht
Und schweigt

Das Wort

Das Wort
viele Jahre vergeblich
geboren
vertrieben
gestorben
heute auferstanden
in mir

Das Wort
wird lösen die Fesseln
mich sprengen

Und die Frucht
rollt glänzend
dir in den Schoß

Ich bin

Eigene Sprache

Müsste eine Buschfrau sein
oder vom Nordpol kommen
vielleicht genügte auch Polen
damit in meinem Lande
Menschen mir begegnen
meine Sprache hören wollen

Bin aus vielen
Kontinenten gemacht
aus Erde Wasser Feuer Luft
Bin Dichterin
vergessne Frau
die ihre Sprache spricht

und eure auch

Erinnere dich

Wie die Zeit in den Abgrund sinkt
Obenauf liegen Tage und Nächte
Halden des Nichts

Erinnere dich der Kindheit
Im Gedächtnis steht
die Bemühung zu verschwinden
im luftleeren Raum
im Grab in den Wolken
oder im Wasser

Die Grenze
zwischen hüben und drüben
verwischt
als wärest du hüben und drüben
Und doch Grenze

Aber wo hast du wirklich
gelebt
und wo lebst du?

Fragen
Ein Abgrund

Engel

Hat mich dein Flügel
je berührt?
Nur Sehnsucht war

Bleib unsichtbar
Ich fürchte dich

und fürchte mich
vor zu viel Licht
und zu viel Dunkelheit

Heimkommen

Du sagst
Worte des Friedens
Ich bin
die ich bin

Frei

Krankheit
Tod
Vergessen im Grab
Die Angst
die Angst

Unter dem Schatten
lieg ich
unter dem Schatten

Frei
unter dem Schatten
deiner Flügel

Todes-Gedanken

Vielleicht
ist
dort
der Ort
wo
ich bleiben darf

Vielleicht
kann ich dort
mich ausstrecken
ausatmen

Vielleicht
küsst mich dort
die Mutter

mit heißem Erdenkuss
wärmt mich
umfängt mich

Leben

Weggehn

Weggehn aus dem Land
des Schattens
Nur die Hoffnung
stärkt den Rücken

Hinübergleiten
in die Zonen des Lichts
fraglos anders als du meinst

Licht das nicht blendet
Licht das Dunkel sichtbar macht

Licht das Arm in Arm
mit dir über die Erde tanzt

Steig herab

Der Frost
hat meine Träume
verbrannt
Steig herab
Wälz mir den Stein
von der Brust
Mach lebendig
meine Träume

Die Welt
geht
sonst
unter

Auferstehung

Ich lass meine schwarzen
Tränen zurück
und tanze auf glühenden Kohlen
hülle mich in ein weißes Kleid
schmück mich mit Kornblumen
und brennendem Mohn
meiner Freude sichtbare Zeichen

denn ich warte auf dich
den Bruder den Freund
mit dem ich singe und tanze
in meinem neuen Leib

Du mein Freund

Viel schöne Menschen seh ich
doch du mein Freund bist schöner
und kostbarer als Elfenbein
als Jade und Opale

Wenn ich vor Überschwang
hochfliege
und überm Abgrund tanze
lachend
dann wartest du
und fängst mich auf

Wenn ich versinke
und mich Schwermut
überschwemmt
reichst du die Hand mir
und ich klimme hoch
an dir mein Seil

Folgen dem Vogel

Täglich am Morgen
das Kreuz auf der Stirn
Suchen nach Sonne
dem Grün eines Halms
der weißen Wolke im Grau

Folgen dem Vogel
und seinem Flug

bücken
nach einer Feder

Grenzüberschreitung

„Maria durch ein Dornwald ging ...
Da haben die Dornen Rosen getragen ...“

I
Ich
wollte dem Andern begegnen
Ging über die Grenze
hing fest

Blutend
kroch ich zurück in mein Land
„Sieh dich vor“
riefen die Wächter mir nach

Ich
wundfiebernd
klage laut

II
Heilendes
wächst im Atem

Wenn die Wunden
vernarben
die Grenzen sich öffnen
trägt der Stacheldraht
Rosen

Heute

Niemand
gibt dir den Tag zurück

Du hast versäumt
das Licht zu begrüßen
Ausschau zu halten
nach dem Kind nebenan

die streunende Katze
zu rufen

Heute ist
gestern
vorbei

Isolation I

In den Schnee starren
durch das geschlossene Fenster

sich selbst leid tun
weil das Zimmer
das eng bemessene
nur Höhle ist
niemanden hereinlässt
nichts zulässt
weder den Drang
nach Bewegung
noch den Drang
sich mitzuteilen

kein Gitter vor dem Fenster
kein Wärter vor der Tür

frei eigentlich
und dennoch

Isolation II

Ich zwinge meine Hand
Papier und Stift zu nehmen
Ich zwinge meine Stimme
die nichts sagen will
und wähle eine Nummer
Ich zwinge meine müden Füße
den Berg hinaufzusteigen
wo die andern wohnen

Die Widerstände werden täglich härter
Wortreste fallen aufs Papier
nur mehr Gestammel dringt
durchs Muschelohr – bist du noch da? –
von weither schallverschluckt
hör ich die fremde Stimme
Erschreckt lass ich den Hörer fallen
lege die Feder aus der Hand
und zieh den Schlüssel ab von meiner Tür

Nur noch ein Engel kann mich retten

Grüner Atem

Chaos soll über mich fallen
aus dem mir der Atem
über und über aufsteigt

Wie bist du schön grüner Atem
aus Asche und Tränen geboren

Geh in die Welt
Breite dich aus
Die Füße weisen den Weg

Liebe will sein
Immer Liebe
Das Herz ist randvoll

Es reißen die Fesseln

Mein Atem geht über mich hin
geht über die Welt

Sprache

Worte aus Erde
Ich spür Feuchtes
Knirschendes
das Feste Tonige auch

Sprache widerständig in mir
aber offen
für Fröste und Gluten
das Zeitliche segnend
beständig

Worte mich formend

Sprache uralt und lebendig
gestoßen aus einem Grund
der ich bin
und nicht Ich bin

Befreiung

Schmücke deine Höhle
bevor du gehst
damit jener Fremde
wenn er eintritt
sich wundert und
wohlfühlt

Kälte und Chaos
dieses Jahrhunderts
verbann in das Dunkel
in die wenigen Spalten
des glatten Gesteins

Nimm Feuer
in deine Hand
Lass es brennen
gluthell

Übergib den Flammen
deine Hülle

die Hülle
die einherging
jahrtausendelang
mit der Sehnsucht
sich zu befrein

mit der Sehnsucht
nach dir Mensch

Himmelslicht

Erdenlicht
Himmelslicht
Tageslicht
Nachtlicht

Spannungsfäden
hin und her

Die Bleibe im Jetzt
gespult
in den Atem
der Ewigkeit

Das kleine Du

Das Du sagt ja und setzt sich zu mir
legt ein Samenkorn in meine Wiege

Sein Lächeln treibt
den alten Gott aus meinem Kopf
Seine Hand legt Licht
auf die Wunde hinterm Herzen

Sein Atem lässt
Wärme in den Rücken steigen
Die tote Puppe
fängt an sich zu regen

Meine Haare
beginnen zu wachsen vor Lust

Das kleine Du
zittert in meinen Füßen

Die Bettlerin

Bettelnd
die Hand ausgestreckt
ein bisschen
Zärtlichkeit heischend

Aber es sind
nur Vorübergehende

Niemand
der stehen bleibt

Ich spiele nicht

Ich spiele
mit der zerbrechlichen Zeit
Ich spiele nicht
ich seh

Licht malt
in deinen Händen
Hinter dir
steht Gott

Ach säh er mich an

Der Mönch

ER ist verrückt nach uns
sagte der alte Mönch
mit seligem Lachen
und entschlief

Er entschlief
Und Erde wurde zu Erde
Aber diese Worte

Ich bin verrückt
weiß ich die Liebe
Du weißt

Der Dornbusch brennt

Über die Grenze gehen

Erst an der Grenze
werde ich wesentlich
Wenn ich den Fuß

den Blick
meinen Atem
über die Grenze setze
stoß ich auf Bilder
kommt Sinn

Erst über die Grenze
gegangen
ist Schicksal
Begegnung

Kretischer Herbst

Glühende Erde
Staub wird Gold
stäubt Nase und Mund
vergoldet die Kehle

Brennende Berge

Frauen und Männer
tragen die Landschaft
auf Gesichtern und Händen
reichen uns Fremden
schwarze Oliven und Wein

reichen Himmel und Erde
attisches Licht

Griechische Impression

Aufgerissen
mit Flügeln versehen
Ikarus zögert

Aber die Landschaft
wirft ihn ins Licht

Namensgebung

Damit ich nicht vergesse
trage ich
meinen Namen

damit ich nicht vergesse
dass du mich gerufen hast
bei meinem Namen
der mir ständig entfällt

Segen wird sein

Schlaf den ich fliehe
den ich suche
Zerstörer Schlaf
Befreier

Segen wird sein
wenn ich lobe

Die Wasser sind zu tief

Wenn nichts mehr redet
redest du
aber vom andern Ufer
Die Wasser sind zu tief

Ich liege nicht an deinem Meer

Schmerz reift
aber ich bin klein
und grün geblieben

Dein Atem streift meine Seele

Ich wachse sekundenschnell
schwimm als Delphin zu dir
singe
blüh golden auf sekundenlang

und falle zurück an mein Ufer
klein und grün

Abschiede

Ein Nadelkissen bin ich
eine Wunde
es stecken die vielen
Abschiede drin
kleine Tode

In Händen
halte ich
Nichts

Letzte Bitte

Warum am Ende
nicht bitten:
Sei sanft
ich erschreck sonst
gleite ins Nichts

Bist du nicht auch
ein zärtlicher Gott

Wein nicht

Wein nicht
wenn ich fort geh
Du weißt nicht
wer ich war

Neujahr

Ich spann das Pferdchen Hoffnung
vor den schweren Schlitten dieses Jahres
Kaum kann ich es alleine schaffen
Ein magres Pferdchen
und nicht willig
Ich muss es füttern
muss es streicheln
und Koseworte in die Ohren flüstern
Es wehrt sich
diesen schweren Karren
in das neue Jahr zu ziehn

Schneeflocken fallen
und für Augen-
blicke liegt der Weg
verheißungsvoll
und zaubrisch in der Wintersonne

Das Pferdchen schnaubt
und schüttelt seine Mähne
wiehert freudig
Der Schlitten ruckt
bewegt sich vorwärts
frische Spuren
hinterlassend

Dreikönigstag in Alzenau

Dreikönigstag - es fällt Schnee
und dämmert lautlos
Ich sitz am Fenster
schaue in die offne Landschaft
seh Männer Frauen Kinder
die am Bach entlanggehn
und andre mit dem Schlitten
über Felder wandern
Der Wald verhängt von Schneegardinen

Ich schau
und schau in dieses triste Einerlei
und frage mich ob dies die Lebens-
oder Todesseite ist

Es läutet an der Haustür und ich weiß:
Die Könige sind da
verkleidet zwar mit falschen Kronen
und einer – wie es üblich – angeschwärzt
Drei Kinderkönige
mit Sack und Sammelbüchsen

Sie singen sagen einen Spruch
und schreiben an den Eingangspfosten:
zweitausendsechs
Gott segne dieses Haus

Gehn eilends weiter

gehn von Haus zu Haus

Drei Könige die unsre Häuser segnen
die Geld und Süßigkeiten sammeln
für sich und Kinder in Südafrika
wie jedes Jahr

März

Der Himmel liegt
wie eine Wunde über mir

Was ist das Leben
Wozu sind wir bestimmt

Noch kost die Luft
wie Seide
Im Apfelbaum hängt
grün die Mistel

Du hältst den Atem an

Frühlingsgebet

In der Wolke die sich auflöst
Im Licht das verlöscht
In der Stille die anschwillt
Im Lärm der verebbt
Der Specht hämmert dein Lied
groß groß

Unsere Sterblichkeit
überfliegt Grenzen
vor deiner Größe
liegen wir verwirrt

Brich uns auf
wie wir dich brechen

Himmelfahrt

Grün Licht Grün
Schöpf Atem für die Nacht
für die Reise ins Nacht-Tal

Jetzt Hingabe
dann Verwandlung

Aber das Herz

Sieh eine Rose
rosenweiß
rosenrot
Aber das Herz

Steil in den Sommer
steigt der Fingerhut
Aber das Herz

Holunder Jasmin
herbsüß
herbbitter
berauscht
von der eigenen Hoch-Zeit
Aber das Herz

Ich geh schwanger
mit diesem neuen Odeur
dieser Droge
diesem Mix
aus Himmel und Erde
atme ein
atme aus
wie es mir passt

Und das Herz
himmelhoch

Juniregen

In meinem Blute fließt
noch Jugend
obwohl die Jahre mich verwirren

Es regnet
regnet auf mein Leben

Der Regen macht es hell
und dunkel
lässt Zeiten rückwärts fließen

Was will sich zeigen?

Der Frosch
als Prinz
mir aus der Kehle
springen?

Wintersommer

Kalt ist der Juli als wäre Dezember
nur das Grün mutet sommerlich an
Ungnädiger Wind fortwährender Regen
rüttelt am Fenster
nagt an der Seele
reißt und zerfleddert die Blüten
Heliotrop und Geranie
verweigern die Farben
Die Rosen recken sich streng
in den Himmel
bleiben verschlossen und kühl

Und wir Verschüchterte
in diesem Wintersommer
haben das Licht untern Scheffel gestellt
gehen einher
in Pelze gehüllt und Kapuzen
die Gesichter nach innen
ein jeder für sich

Tragen wie Steine
das Brot in der Tasche
haben verlernt
es genießbar zu machen

Das Wort das uns retten könnte
ist uns entfallen

Siebenschläfertag

Gestern noch Schwüle
heute Regen und Kühle
werden wir für Jahre
im Regen versinken
Feuchtigkeit trinken

Regen tropft mir ins Fenster
Rosen schwimmen davon

Ich sehe Gespenster
in meinem Innenfenster
Schau lieber
durch das Gartenfenster

Abendstille überall
(im Garten in Alzenau)

Abendstille überall ...
Da fällt in die Abendstille
im Fünfminutentakt
Flugzeuglärm:
Einflug nach Frankfurt
Wie schön
dass wir's so bequem haben!

Die Stille dazwischen
wirklich schön!
Gezwitscher der Amseln
Früher war's eine Nachtigall
in der alten Weide am Bach

Nun singt sie nicht mehr
Treu bleiben die Amseln
Auch der Fasan im Wiesengrund
Es gurren Wildtauben
Und der Wind harft
im Kirschbaum

Dann wieder der nächste
Anflug auf Frankfurt
So geht's durch die Nacht

Abendstille überall ...
Wo bleibt am Bach die Nachtigall
mit ihrer leisen Klage?

Sommertage

Lichtsinfonien
Insektenchor
Wie steh als Mensch
ich außerhalb
Mich trifft die Keule Zeit

Ich lös die Fesseln
Ist es zu spät?

Höhe des Sommers
(in Alzenau)

Drei gelbe Schafgarben
in einer Marmorvase
auf Mutters Gartentisch
künden die Höhe des Sommers
Verlassenheit
Dürre

Aber auch Wind
Bambus fächert im Wind
In beiden Teichen
versickert das Wasser

Dass die Fische leben ist wunderbar
mit wenig auskömmlich
Sogar die Schlange
fein geringelt mit goldenem Krönchen
lässt sich gelegentlich blicken

Ist das ein Trost
Ein Trost für wen?

Für einen
der nichts hat
als dies
alles

Nimm die Sonne in den Mund
(in Alzenau)

Mittagsruhe
Schreddern von Ästen
macht die Stille kaputt
Rauschen des künstlichen Bachs
nebenan
beleidigt die Ohren

Dazwischen dieser Sommertag
blassblau weißgewölkt
Katzen zucken im Mäusetraum
Ein Windchen im Teichschilf
in den Blättern der rankenden
Königswinde

Lass deinen Stift
die ungeschriebenen Gedichte
Geh durch die Felder
Früchte rufen
der nahe Wald
Das Gras ungemäht
körperhoch
macht dich däumlingsklein
und geborgen

Nimm die Sonne in den Mund!
Noch lebst du!

Vorbei

Wieder ein Sommer
Vorbei
ruft der Vogel
Es regnet
Keine Aster im Garten
keine Dahlie

Nur der Igel
tauchte am Morgen
in Hausnähe auf
atmete schwer und
verstarb

Ich hob ihm ein Grab
nah bei der wilden Rose
Streute Blüten
bevor ich mit Erde
ihn deckte
traurig davonging

Schlafe

So viele Sommer
vorbei

Und immer noch Hoffnung
für mich und die Welt

Zwischen Sommer und Herbst

Herbst auf meinen Haaren
im Gesicht
Dahlien Sonnenblumen

Licht

Eine Hand die nach
dem Herzen greift

Es hängen Fäden in der Luft

Und eine Hand die sich
erneut
aufs Herz legt

Süßer Trost

Birnbäume
Apfelbäume
ungepflegt
verwildert
fast nichts erinnert
an die edleren Verwandten
die Früchte bringen

Schrumplige kleine Äpfel
hier und da

Wehmütig seh ich
Kindheitsbäume übervoll
mit Äpfeln Birnen
Reichtum
noch im Grase liegen

So arm das Leben jetzt
Doch Kindheit auch
im Frankenland
denn Pflücken Sammeln
war für unsereins
damals verboten

Doch sah ich
solchen Reichtum

Und manchmal
hob ich heimlich
eine Birne
einen Apfel auf
und biss hinein

und schmeckte süß
die Mollebusch
und saftig reif
die Goldparmäne

Süßer Trost!

Herbstspaziergang
oder: Peter Kowald ist tot

I
Herbstlicher Himmel mit fegenden Wolken
Im Wind standen die Haare
Die Worte flogen uns um die Köpfe
trieben ab hingen im Baum
tanzten wie Blätter vor uns auf dem Weg

Ja: Herbstbeginn
Wir trennten uns am Waldrand
Wann sehen wir uns wieder?
Wie alt sind wir dann?
Die Zeit hat uns grau gemacht
und wenn wirs erleben
sind wir noch grauer
und klein und verschrumpft
Morgen – oder wann?

II
Peter Kowald* ist tot
Man sah ihn im Fernsehn
heute Abend um acht
Er spielte auf seinem Kontrabass
als ich bei Else* im Tal
Gedichte las
Jetzt ist er tot
und war erst achtundfünfzig
der Mann mit dem Kontrabass

So einfach geschieht es:
Heute du morgen ich
ungefragt
zu zweifeln ist nicht
Denn es kommt wie es kommt
für mich für dich
für alle die sind und noch folgen

*Peter Kowald: Wuppertaler Jazzmusiker,
gest. 2002 in New York*

*Else: Else Lasker-Schüler,
geb. 1869 in W.-Elberfeld, gest. 1945 in Jerusalem*

Abschiedsgabe

Zugvogelzeit
Septemberlicht
reinweiße Wolken
Du musst gehn

In noch mehr Weiß
in noch mehr Licht
in Nacht
Wir wissen nichts

Ich taumle durch den Tag

Nehm Himmelsblau
und Wolkenweiß
der Sonne Licht und Schattenspiel
das Braun und Grün der Erde
leg es dir in die Hände
auf den Mund

als Abschied jetzt

als Gabe für den Ankunftsort
als Vorgeschmack
für eine neue Wirklichkeit

Novemberlicht

Ich gehe auf Novemberwegen
den Mantelkragen hochgeschlagen
fröstelnd
Schwarz stehen Bäume
aufgereiht wie Mönche
Die Nebelnässe hängt in Kleidern
feuchtet mir Haare und Gesicht

Vergänglich bin ich

Da fällt ein Licht vom Himmel
Ich bin getroffen
bleibe stehn
Und Ewigkeit bläst
ihren Atem über mich

Unsterblich bin ich

Weihnachtskreis

Ich falle aus dem Weihnachtskreis
Die Krippe wird schon Kreuz
Das Lied vom Kinde ausgesungen

Gebrochner Mensch
du weißt den Tod

Weißt du das Leben?

Die goldene Spur

Nacht ich warte
Dunkel verschluckt meine Not

Nacht der Stern ging verloren
Nacht ich bin verloren

Da seh ich die goldene Spur

Ich grabe mein Angst-Gesicht
in diese Spur
Knüpf um die gebrochene Schulter
das leuchtende Band
Verbinde die Wunde mit Licht

Geh mit geöffneten
Augen durch Nacht

Falle
steh auf

Es wird Tag

Endlich

Eines Tages streu ich aus
goldumrandete Karten
darauf in leuchtenden Lettern:

endlich bin ich heim
gegangen

Kommt Antwort

Leere
die ihre Fühler
ins Nichts streckt

Kommt ihr Antwort
wächst ihr Heimat zu

Vielstimmig
Mutter
Vater

Du

Coole Angelegenheit

Es ist cool
dass deine Seele verblasst
dein Körper an Substanz verliert
Es ist cool
dass die Gegenstände
sich von dir lösen

Cool überaus cool
dass dein Leben verlischt

dass ich und du
wir alle ins Gras beißen
unter die Erde wandern
Ein Szenenwechsel beginnt

Welches Schauspiel
Für wen aufgeführt

Leben
(Gedanken zu Demonstrationen 1975/76 in Göttingen
zu § 218 StGB)

I
Häuser bauen
Türme bauen
für die Freiheit
marschieren
demonstrieren
das ist groß
und mutig

Die Geschlechter
vereinigen sich weiter
und gebären
nicht immer

Der Mensch
der bereits ist
er will nicht
dass du
auch existierst

Töten wollen
dich die Mütter
nachdem sie
dich empfangen
und erkennen
dass du sein willst

Sind sie böse
oder
haben sie Angst
die Frauen
wenn sie spüren
dass du
unter ihrem Herzen
pochst
dein Recht forderst
über sie hinausflutest
wächst

Jemand
hat dich gerufen
in Lust
in Schande
du bist da
am Anfang
deines Seins

Doch sie schreien
deine Mütter
wollen dich töten
ersticken

II
Krebsgeschwüre
seid ihr
Anfänger des Lebens

mitten in den Leibern
der Frauen
inmittener noch
in ihren Seelen

III
Abgetötete Keime
überschwemmt nicht
die Länder
mit eurem Gestöhne
klagt nicht
wimmert nicht
seid leise
seid still

Wollt ihr denn
wirklich leben
rechtlos
in Staaten
der Freiheit?

Klingende Wärme

Ich erstarrt
erdenschwer

Da berühren mich
Töne
klingende Wärme

Ich gelöst
vogelleicht

flieg über die Welt
sie ist klein
sie ist Nichts

und der Innen-
und Sternraum so groß

Immer wieder

Du schlägst die Augen auf
und es wird Tag

Du siehst die Bäume an
und Knospen springen

Du gehst
und wunderst dich
dass deine Füße gehen

Trinkst Hoffnung
aus den Händen
die dir ein Mensch reicht

Immer wieder
fängt es an
fängst du es an

Meine Gäste

Innenräume suchen
die mich bergen
mich und die Welt

Bunte Vögel
und das Einhorn
meine Gäste

Und ab und an
ein rotes Herz
ein blaues
Du

Trauriger Clown

Lächle
trauriger Clown
sie warten
klimpre mit den Augen
zwinkre
schneid Gesichter

einsam sind alle
und traurig wie du
sie halten sich
fest an dir
du an ihnen

lächle
weinen
kann jeder
allein

Moorbraut
(zu einem Bild von Paula Modersohn-Becker)

Mädchen du gehst übers Moor
aufrecht und feierlich
Schwarz die Erde
schwer der Himmel
Aufrecht gehst du und feierlich
Du gehst als wüsstest du den Weg

Blau ist dein Schleier
und durchlässig
Trägt dich die Landschaft
trägst du sie

Du gehst auf der Erde
und stehst doch im Himmel
Bist mitten im Himmel auf dieser Erde

Mädchen Moorbraut du

Sage das Wort

Sterben ist
wenn du gehst
wenn ich geh
Komm auf ein Wort

Es naht die Nacht
Sage das Wort

rede
sprich lang

Verklingt dein Wort
ist der Tod

Am Ende

Am Ende ist
ein kleiner Hügel
vielleicht ein Kreuz
vielleicht ein Stein
vielleicht auch
Nichts

Winterwege

Gefroren die Wege im Park
spiegelblank
vorsichtig geh ich
Schritt für Schritt

Mein Leben ein Balanceakt
Ich kippe nach links
und falle nach rechts
und wenn ich schwankend weiter geh
ist keiner der mich hält

Ach halte du mich im Arm
dass ich mit dir
leichtfüßig
überspringe die Löcher
die Gräben das Sterben

Sonnensteg

Sonne springt übern Blätterwald
malt Zeichen auf den Waldweg

Ich geh auf diesem Sonnensteg
Geh weiter in den Himmel

Bin Erde Stein und Baum

Bin nachts ein Stern
und Mondenschein
und tags darauf
ein Mensch in dieser Stadt

Noahs Tauben

Die Seele singt

Das Herz bricht auf
hüpft über die Berge dir zu

Nimm es an deines
Berge es groß in den Händen

Da wachsen mir Füße

So gehen wir über die Welt
Noahs Tauben

Noch am Leben

Himmel verhangen
Reglosigkeit

Ich schau auf meine Hände
Nichts

Ich schließe die Augen
wandre durch meinen Leib
Es atmet
Wärme

Gottseidank
da bin ich
noch am Leben

im atem sitzen

sitz ich in meinem rückgrat
sitz ich in meinem becken
bin ich ich oder wer?
die füße befragen
mich stellen neben mich
hat alles sinn
ist unsinn?

schmetterling
bin ich gewesen
auch ein vogel
immer in lüften
von der erde
wollt ich nichts wissen

nun such ich die erde
suche stand zu halten

ich verlier alles
wenn ich bodenlos bin
abhebe
oder versinke ins loch

also die füße
fest auf die erde
den kopf offen
zum himmel

dass von oben
gnade kommt
das feuer
von unten die erdkraft
die nahrung

und später das leben
zum sterben

Bilder einer Ausstellung
(bei A.St. in Düsseldorf)

Zwei zarte Rehe von Franz Marc:
ein besonders schöner Holzschnitt
von Gottfried Brockmann:
„Mann mit emporgereckten Händen"
auf Japanpapier
„Der malende Affe"
von HAP Grieshaber
Und so manche Kostbarkeit

Ich löse mich
Gehe zu meinen Schöpfungen
Ich brauche keinen Beuys
Ich male mein Ulmenblatt selber
und meine Schamanentrommel

Und doch: wunderschön der Tag
mit den Bildern einer Ausstellung

Heimgang

Ein trüber Himmel graue Löcher
die Straßen monoton
und rauschend im Verkehr
Kaum kommt ein Mensch
auf eignen Füßen
Wie ausgestorben liegt die Stadt

Ich geh zu meiner Birke heim
mit Regenperlen ist sie
überschüttet
die lachen noch im Grau

Es schützt das Menschenhaus
mich vor der Welt
und vor den Wettern
birgt mich diesen Tag

Menschensuche

Wie du die Menschen
gesucht hast
Fandest nur
atmende Steine

Wie sie vorbei ging
die Lebendigkeit
manchmal
spürbar
im Wind
oder im Chor
der verletzten Bäume

Immer ferner
die Menschen
die Orte

Dürre Blätter
(hör hin)
sagen mehr
als die Freunde

Hallo

Auf welchem Trip
dieses Paar?
Tätowierte Arme
verwüstete Gesichter
zwei große Hunde
mitten im Wald
Mir springt das Herz
vor Schreck zum Hals

Hallo
rufen sie mir zu
Mir hüpft das Herz
vor Freude
wieder in die Brust
Im Bergischen
grüßt sonst
niemand

Wuppertal

Am Tag wirft deine Schwermut
schwere Schatten in das enge Tal
Nachts hebst du deine Schönheit
aus dem Geheimnis deiner Wupper-Berge
wirfst mir Geglitzer vor die Füße

und ich geh staunend auf der Sternspur

Aber die Tage sind lang

Worte – Brücke zum andern

Worte
Brücke zum andern
Ich wortlos

Alles entgleitet
Falte die Hände die leeren

Dürre wächst wie ein Baum

Tränk mich mit deinem Wort

dass die Wurzeln ausschlagen
wachsen zur Erde

Licht-Suche

I
Fremd ist mir heute die Welt
Sogar die Bäume distanzieren sich
Die Straße hält den Atem an
Das Haus macht seine Augen zu

II
Die Menschen tragen
schwer an ihren Kleidern
am Gepäck der Seele

Du suchst nach Licht
vergebens

Lebensrose

Nachtrose blühst
um Mitternacht auf
wie der Schmerz
duftlos

Aber die Farbe
schmerzrot
Vergessen ist Gnade

Du Rose der Rosen
nächtig Schöne
der Leidenden Trost

Nachtrose
blutende
Lebensrose

Manchmal spür ich den Sinn

Manchmal fällt Licht
und ich spür
dass ich durchlässig bin

Manchmal spür ich den Sinn

spür ich Verdurstende
Leben von Ewigkeit her

Und mir schwindelt vor Glück

Lebensbitte

Großmutter
ich kann dich am Lufthauch spüren
fassen kann ich nichts
Deine all-wissenden
Augen ruhn schwer
auf meinem Gesicht
deine Hand auf meiner Seele

Du bist nah
Du bist fern
Füllst den Raum
machst ihn leer
Du heimlich
unheimlicher Geist

Höre dich singen
„... *denn die Trennungsstunde ruft*"
„... *war so jung und morgenschön*"

und wieder singen
mit der fernen Stimme
„... *Tücher wehen in der Luft*"

Mein Herz setzt aus
Ich spür den Lufthauch um mich

O lass mich leben in Frieden

Jahresrückblick

Was ist geschehn in diesem Jahr
an Schmerz und Wachstum
und vielleicht an Glück

Ich fahr den trüben Fluss
hinunter
Die Schiffe die ich seh
sind abgetakelt
ihre Fracht ist schmal
Wir haben alles
was an Werten wir besitzen
über Bord geworfen
Wie soll es weitergehn

Wenn der Feind erst zuschlägt
wir sind machtlos
Wir haben Waffen nur wie er
die vor Vernichtung strotzen
und neblige Gefühle
keine Botschaft
Palmzweige der Versöhnung
können wir nicht schwingen

Vielleicht im nächsten Jahr

Retten wir uns

Ich komme
Wer weiß wie lange noch
springen wir übern Graben
hängen fest im Spannungsdraht
brennen auf verglühn
Asche weht übers Feld

Retten wir uns

Jiddischer Gesang
(Fußgängerzone in Göttingen, 1976)

Sing Frau aus Israel sing
Spiel Mann aus Israel spiel
dazu auf deiner Geige

Auch du Kind aus Israel
sing und spiel
deine Lieder
wie Vater und Mutter

Denn die Stadt
ist euch heute
freundlich gesinnt
sie hat Sommerferien
und Gut-Wetter-Laune

Sommer 1992 – und immer wieder
(Ausschreitungen gegenüber Asylanten und
ausländischen Mitbürgern)

Wieder sind unsre Stimmen so dünn
Kein Schrei zerschneidet das Unrecht
Die Mörder aber sind laut

Ach hätte ich den Mut
mich zu verbrennen als Zeichen
für die Öfen die damals brannten
O dass sie nicht brennen in Deutschland
und nirgends
dass kein andrer zum Sündenbock werde
für eignes Versagen

dass dem Wohlstand des Mutterlands
der Ehre des Vaterlands
nur mein und dein Opfer gebracht wird

nicht aber die Lämmer geschlachtet

2014 :
Nicht nur zum Sterben
zum Weiterleben brauch ich Mut
zum Dennoch für mich und für alle

Kriege – anderswo

Es ist Gewalt und Krieg und Hass
Die Männerstiefel treten
Und Leiber schänden andre Leiber
Ein Wurm die Menschenwürde

Wir wissen
schauen zu
schaun weg
und ducken uns

Geht die Gewalt an uns vorbei

der jahrestag
zum gedenken an die toten des 11. september 2001

alle glocken der stadt läuten
erinnern an die zeit
vierzehnuhrsechsundvierzig
am 11. september 2001
da das world trade center
zusammenstürzte
feuer schutt asche
darin zweitausendsiebenhundert-
zweiundneunzig menschen
von einundneunzig nationalitäten
verbrannt erstickt verschüttet
aus schwindelnder höhe
zur erde gestürzt
nichts zurücklassend
die sie liebten besitzen nur fotos
kein grab

der tag des terrorschlags
auf das mächtige zentrum amerikas
hat sich gejährt
der schrecken ist wieder gegenwärtig
die endlose trauer und wut

hat sich die welt verändert
seit diesem tag?
ist es mehr
als verstärkte flugangst

verstärkte kontrollen
jagd nach terroristen
in den ländern überall

was hat sich verändert?

die selbstmordattentäter
in den entführten flugzeugen
haben das all-mächtige amerika
ins mark getroffen
die gigantischen türme
von new york zerstört
washington bedroht
unzählige menschen jung und dynamisch
aus eben noch pulsierendem leben
in ein inferno geschickt
jeden einzelnen von ihnen
gewaltsam
in den abgrund des todes getrieben

wie ein science fiction film
stürzten die bilder in unsre zimmer
flackerten täglich ungerufen auf
und waren doch wirklichkeit
wie das sterben der einzelnen
wie feuer rauch asche schutt
und chaos das sich durch die straßen
der stadt new york ausbreitete
und entsetzen fassungsloses leid
unter den angehörigen
den augenzeugen

allen helfern
an diesem 11. september 2001

hat sich seither
etwas verändert
in hirnen und herzen
bei den verantwortlichen?
bei den terrorbereiten?
bei uns?

„wir müssen den krieg
zu den terroristen tragen" und
„unser krieg führt zum frieden"
heißt die botschaft des präsidenten
auch die botschaft amerikas?

hass rache
kreuzzüge gegen das böse

wann beginnt nachdenken
neues bewußtsein
umkehr
im land der unbegrenzten
möglichkeiten
und bei uns

2008:
weltwirtschaftskrise
ein neuer präsident
hoffnungsträger obama
jetzt umkehr change?

Erstarrung

Unsre Angst ist erstarrt

kein klagendes Herz
kein Schrei
kein Gebet

Marionetten
hasten
durch Stahl und Beton

und Blumen
blühn nur auf Gräbern

Paradies-Besessen

Und wieder reißt ein Mensch
die andern in den Tod
Heut sind es über hundert Tote
und schon am Abend folgt
der nächste Anschlag
Die Attentäter wachsen nach
mit ihren Bomben
und steigen schnurstracks
auf zu Allah
es warten sieben Jungfraun
(manche sagen siebzig)
Wohlleben ohnegleichen
dort im Paradies
Wer will sich das entgehen lassen
von den jungen Männern
In Bagdad oder auch im Gazastreifen
ist die Zukunft hart

Die Toten
die Verletzten die verbluten
mitgerissen
von den Paradies-Besessnen
zählen nicht
sind dumpfe Masse
Opferfleisch

Weiß Allah ihre Namen?
Sie werden nicht gefragt

Oberfläche

Ich berühre
die Oberfläche der Dinge
Es ist Oberfläche
ist alles

Ist Innen
und Außen
Ist Tiefe

Ich begegne
einem Menschen
Es ist Zufall
Ist Leben
Ist Tod
Abschied
und Wiederkehr

Zum Tod von Erwin Walter Palm
(für Hilde Domin)

„*Unser Ende*
ist unser Beginn"
   Guillaume de Machaut

Mit verwunderten Augen
siehst du die Menschen
die Welt

   - *ich frage mich*
   - *merkwürdig*

Dein Liebster ist fort
schutzlos geworden bist du
so verletzlich
wer kann dich behüten

Das Ende ist der Beginn
sei getrost
Dein Liebster ist
sei getrost
Er hält dich im Arm
er küsst dir
die Nacht von den Augen
sei getrost

Unser Ende
ist unser Beginn

Trostlied
für H.D.

Dein Liebster wird kommen

mit den silbernen Füßen
mit feurigen Pferden
die vor Ungeduld schnauben
dein Liebster lachend und schön
Ein Kranz von Thymian in seinem Haar
Wilde Rosen am Rock

Dein Liebster wird kommen
er holt dich nach Haus

Ich kann nur noch winken

Abschied
von Hilde Domin

I
„Bis zum nächsten
Wiedersehn!"
schriebst du auf
deine letzte Karte

Es gab kein Wiedersehn

Ein Sturz zur Winterzeit
die Erde nahm dich auf
nahm dich zurück

Kein Wiedersehn

Abschied und Trauer:
Übergroß dein Bild
geschmückt
mit goldnen Rosen

II
Schneetreiben
auf dem Weg zum Bergfriedhof
wo dein geliebter Mann
wo Erwin wartet mit dem Stein
„Wir setzten den Fuß in die Luft
und sie trug"

Erneut ein Rosenregen
der dich deckt und schützt
Die Taube
mit gebrochnem Flügel
fliegt sanft zu dir ins Grab
Dann harte Erde

Kein Wiedersehn

Nur Abschied
Abschied übergroß

III
Deine Worte ritz ich
erneut in meine Seele
dass sie leuchten
dieses „*Dennoch*"
und „*Hand in Hand*
mit der Sprache
bis zuletzt"

Wo geh ich ein

Noch sehe ich die Vögel
in den Himmel steigen
Noch weckt die Sonne
Lust in mir
Und Töne machen froh

Wenn nichts mehr ist
wie wird das sein?

Was lasse ich zurück?

Nehm ich was mit
das bei mir bleibt:
Mensch
Vogel
eine Blume
Gott?

Wo geh ich ein?

In Erde
Stein
in Sternenstaub

als Lied der Ewigkeit?

Frage

Das Fortgenommne
das ich nie besaß
halt ich es fest?

Ich lösche das Licht
den Stift in der Hand
das Ohr auf der Uhr

Tage fallen wie Blüten

Tage fallen
wie Blüten

Ich bange um die letzten
an meinem Lebensbaum

VI

UNVERÖFFENTLICHTE
GEDICHTE
BIS 2014

Schönheit und Schmerz

I
Schönheit
ist eine Offenbarung
Schmerz eine andre

Die blaue Glockenblume:
als Knospe gleicht sie
einem festen Ballon
als offne Blüte einem Stern

Die Rose hat viele Gemächer
gleich der menschlichen Seele

Schönheit

II
Und Schmerz?
Er frisst wie eine Raupe
die Seelenblätter
das feine Gerippe steht blank

Er gleicht einer Wühlmaus
die den Garten durchpflügt
Keine Hoffnung wird blühn

Doch du weißt:
eines Tages
wird die Raupe
ein Schmetterling

Such eine Spur

Wo kehr ich heute ein
Reglos die Seele

Verwirrung macht sich breit
Und doch ist Sommer
Sonne Wärme

Ich spür den Sinn
Ich spür ihn nicht
Such eine leise Spur
die mir die Richtung
Hoffnung weist

Wo ist die Große Mutter

Mein Kurzbesuch
in dieser Welt
ist bald dahin
Ich fahre
fahr wohin?

Wo ist die
Große Mutter Du
Lehr mich zu leben
und zu sterben
Lehr mich die Liebe
Ich weiß nichts

Und wachse
in die Erde

Drachenvogel

Ein Drachenvogel silbrig
ich sehs von meinem
Fenster aus
schwebt auf und ab
und steigt sehr hoch
hält sich in der Höhe

Auch bei mir
ein Auf und Ab
doch steig ich
nicht sehr hoch
und falle doch
erstaunlich tief

Es ist kein Wind
der mich
nach weiter oben trüge
und der mich
schweben ließe
auf heiter-sanfte Art
wie dieser Drachenvogel
schwebt

der leicht sich
von der Erde löst

und steigt
und steigt

Bewundernd
schau ich zu

Igel-Tage

Igel-Tage
häufen sich

Winterschlaf
Daran ist nicht
zu denken

Vielmehr an Müh
und täglich Brot
und aufrecht stehn
nicht wanken

in Kälte Sturm
und Schneegestöber

Wärme speichern
Vögel füttern

Füchse aus dem
Garten jagen
ein Reh bewundern
das dich scheu
beäugt

Überwintern
Jahr für Jahr
mit Lebenden
und Toten

Traum-Zeit

Lass wachsen den Traum
die unsterbliche Lust
lass wachsen
und treiben die Kraft

Die Zeit dein Feind
die dich verführt
als bliebe sie
die dich betrügt
und geht schon fort

Wie kann ich sie rühren
gewinnen als Freund
als hätten wir Zeit
in Vergänglichkeit

Regentropfen

Regentropfen
Regentropfen
wie sie von den Dächern hopsen
auf die Bäume in die Blumen
alle trinken und versinken
in dem guten Himmelswasser
unsre Blicke werden nasser
schauen in die tiefen Löcher

nur ein Lichtstrahl kann uns heben
um den andern zu erleben
unsre Augen trocken wischen
um den Glanz noch zu erhaschen
der im Regen
wie im Lichte liegt

Überdruss

Alles gesagt
Mein müdes Herz geht
durch die Räume
Nichts Neues

Alles gesagt

Der Dunkle und ich

Schatten
der mich einholt

Ich bleibe stehn
setz widerstrebend
Fuß vor Fuß

Der Schatten läuft mit

Wir bleiben zusammen
der Dunkle und ich

Nachtgespenster

Nacht
Gewitter zieht auf
In den Knochen uraltes Wissen
Bedrohung des Lebens
durch elementare Gewalten

Bei den Blitzen
den Donnerschlägen
überfällt mich Panik
Ängstlich falt ich die Hände

Es ist als wär ich ein Kind
(Kinder sind heute anders
benehmen sich cool)
kriech unter die Decke
halte die Ohren mir zu
wart bis es endlich vorbei ist

Im Leib Entsetzen
über das ich hinweggeh
als wär alles gut
und ich ohne Angst
und mutig erwachsen

Was gibt uns neuen Sinn

Weihnachten
Anders als früher
Das Wunder
niemals so fern

Gespräche
kreisen um Worte
nicht um das Wort
das Wunder
von Bethlehem

Die Geburt im Stall
weit entfernt
Die Weisen belächelt
alte Dichter vergessen

Was gibt uns Sinn
neuen Sinn

Jahrhundertüberschwemmungen
August 2002

I
Der Mond am Himmel
zunehmend halb
leuchtend
in der Sommernacht

Jahrhundertüberschwemmungen
Flüsse die aus ihrem Bett brechen
Zerstörungen
von archaischer Gewalt

Für die Betroffenen
Nacht
Endzeit
Spätes Erwachen

II
Wir Verschonten
sehen mit Grauen die Bilder
beten
dass dies von uns
fernbleiben möge

schauen zum Mond
zunehmend halb
leuchtend
in der Sommernacht

Kommt die Sintflut wieder
(Hochwasser 2012 und 2013)

I
Wind zerrt an Silberpappelblättern
fegt ums Haus
Regenböen peitschen
prasseln auf das Küchenfenster
fetzen Blüten
Es wirbeln Birkensamen
Tannenzapfen Äste
um die Ohren auf die Gassen
In unsrer Stadt
sonst keine Katastrophen

II
Natur um uns Natur in uns
auch wenn wir sie verlassen
Beton aufschütten
Mauern bauen
und Lebewesen töten
die uns nutzen
die uns stören
durch Häuserschluchten wandern
und Flüsse in ein neues Bett verweisen

Ganz leise pocht die Ahnung
dass unter unsern Füßen
unterm Straßenpflaster
die Erde weiter atmet

weiter sich bewegt

Lebendiges will sein

Du wunderst dich
dass du vergessen hast
dass alles weiter
existieren wird
verändert oder neu
ganz anders

verschmolzen mit der Sonne
mit dem Mond erkaltet
verschwunden wie ein Nebelbild
im Weltenraum?

III
Trotz Zweifel
glaubst du
an den Weltenschöpfer
der erschuf
verwandelt

Wunder über Wunder
uns erhält
und hält

Auch wenn die Sintflut
wiederkommt

Heimwärts

Immer geh ich heimwärts
Schaue nicht zurück
Die Wege sind verschränkt
und scheinen ohne Ziel

Ich geh

Der Weg ist lang
und ohne Weggefährten
Wie bleib ich wach
und wie lebendig
und am Leben?

Ich such nach Sternen
in der Dunkelheit
such Lichter längs des Wegs
such Zuversicht
im eignen Leib
am Himmel

und bei dir mein Gott

Die neue Wirklichkeit

Traumpfad wohin?

Ein Zwischenreich
das durch Nichts führt
das willenlos macht
und schmerzt

Was gilt?

Ich wehre mich
will nicht umklammert
nicht ohnmächtig sein

bis das Neue mich packt
ich alles Sein lasse
einwillige
in diese neue Wirklichkeit

Menschenende

„Mitten in dem Leben
sind wir vom Tod
umfangen …"

Von heut auf morgen
wirst du angetippt
und bist nicht mehr

Der Körper
in ein Grab gelegt
wird Humus

wird verbrannt
zurück bleibt Asche
Nichts

ins Meer geworfen
von den Fischen
aufgenommen

Die Seele fliegt davon

Totentage

Totentage
Tristesse

Auf Gräbern
brennen Kerzen

Wer gedenkt
wenn ich tot
meiner
und wo?

Schatten wachsen
überwachsen mich
Das Licht
verflüchtigt sich
wohin
folg ich
ihm nach

Tröstet
tröstet mich

Wir fragen viel

Ein Mensch
wie du und ich
wir fragen viel
und hängen unsre
Fahnen in den Wind
dass er die rechte
Richtung weist
uns auffrischt
frei macht
für den neuen Tag

uns nicht verharren lässt
in alten Räumen

Ein Mensch
wie du und ich

Älter werden

Die Augen werden heller
doch trüber
in der Außensicht

Die Ohren hörten einst
die Gräser wachsen –
heut hören sie
die Morgenvögel nicht
und nicht
die Nachbarstimmen

Werd ich noch denken
fühlen vor dem Sterben
Werd ich verlorne Würde
wiederfinden?

Die Fragen neu
und seltsam fremd

Verwandlung

Rosen wachsen
aus meinem Herzen
Sterne springen
von den Lippen
Flügel sind meine Augen

Ein Schmetterling
eben geboren
verwandelt in Licht

Licht fällt zur Erde

Meine Füße lichtschwer

Großväter-Buchen

Drei Großväter-
Buchen
in ihrer Mitte
ich
Kraft steigt auf
in Wirbelsäule
und Becken

Sitze auf Bucheckern
herbstlichem Gras

Murmelnd
zu meinen Füßen
der Bach

Eine Wasseramsel
knickst auf und ab

Frieden
vorüber
gehend

Ein Hauch nur

Heute noch leb ich
und atme
morgen vielleicht
schon tot

Die lebendige Hand
die Füße die gehn
das in den Adern
rauschende Blut

Sorgen von heute
Gedanken
wie nichtig

ein Hauch nur
und schon
vorbei

Späte Liebe
(meiner Mutter)

Vieles ungefragt
manches nicht gesagt
die Ferne nicht
die späte Liebe nicht
Verletzungen nicht
Fremdheit
seit frühen Jahren

Einmal sprach
sie es aus:
„Ich kann nicht verstehn
eine solche Tochter
geboren zu haben"

Wie war ich getroffen
Bitterkeit
die uns umgab
uns vergiftete
Dann Schweigen

Heute versteh ich
den Schmerz
über das Fremde
Unverständliche
meines Lebens
die Enttäuschung

Sie war anders
lebte
fühlte anders
als die Tochter

Und doch
gegen Ende der Jahre
und Tage ihres Lebens
Versöhnung

Zärtlichkeit
zeigte sich in seltenen
Augenblicken

Der Tod besiegelte
unser beider Schmerz
belebte die Liebe

Alles was ist

I
An die Stelle von Gott
ist ein Loch getreten
ein blinder Fleck
eine Leere

Ich habe gebetet
gekniet
gefleht
manchmal gesungen

Es war eine Kraft
ein Weg
ein Halt

Nun ist mir der Halt
abhandengekommen
An die Stelle von Gott
ist ein Loch getreten

II
Ich schau in das Loch
erkenne die Tiefe

Wind
Sturm
Erde und Samen
von irgendwoher

Regen
Sonne
Es wächst
und wächst
ein Baum
aus der Tiefe

Ein Baum den
ich sehe und spüre
Himmel im Geäst
Vögel im Gezweig
Getier an den Wurzeln

An die Stelle von Gott
ist das All getreten
alles was ist
(und was nicht ist)
ist Gott

Ich habe Gott gesehn

I
Ich habe Gott
am Himmel gesehn
in Form einer Wolke
eines Lichts
Sein Auge
blickte atemlang
auf mich
löste sich auf
Es blieb nichts

War es ein Trugbild
ein Wunder
Illusion?
Gott zeigt sich
uns Heutigen nicht

II
Sinnend sitz ich
am Wasser
am großen Teich

Ein Riss spaltet
mich entzwei
Verlorenheit
macht sich breit

Wolken kommen
und gehen
lösen sich auf

Eine Schildkröte
rudert vorbei

Die Bösen und die Guten

„Ein böser Typ
mit einer Waffe
kann nur
von einem guten Typ
mit einer Waffe
aufgehalten werden"

Ich hörte den Satz
nach dem Amoklauf
mit über zwanzig Opfern
an einer Schule in USA

gesagt von Amerikanern
die sich schützen wollen
mit Waffen vor Waffen

Auge um Auge
Zahn um Zahn

Der Satz lässt mich
nicht los
setzte sich fest
ein böser Typ
ein guter Typ
beide bewaffnet

Die Toten
die Verletzten
weinen und klagen

Was soll werden?

Rettung in Grün

I
Nächstliegendes
tun Notwendiges
dazwischen
was unwichtig
scheint

Es frisst
am Herzen
im Gedärm
im Kopf

Hungrig
bin ich und satt
am Überfluss
der Zeit

II
Blickwechsel

III
Regen rinnt
Sonne scheint
Grünes wächst

Ich tauche

mit Augen
Ohren
mit allen Sinnen
ins Grün

trinke Grün
esse Grün

bilde in mir
Grün ohne Ende

Was bleibt

Was bleibt
von Menschen
die ich kannte
liebte?

Die Bilder die ich anseh
große kleine Dinge
verlieren Sinn und Zweck
und ihre Wesenheit

Wie der Mensch
wird seine Wohnstatt
weggetragen
auf des Lebens Abfall
reduziert

Was bleibt?

Ein Wort
vergangne Gesten
Gesichter
überhell belichtet
dann schwindend
wie ein Irrlicht

Ein leeres Grab
vor dem du stehst
und trauerst

Und manchmal kommt
die alt vertraute Stimme
zwischen Nacht und Tag
so sanft
so zart
dass du dran zweifelst
dass sie
einmal
wirklich
war

Suche nach Vollkommenheit

I
Nimm eine Blume
Am besten sichtbar
an der herrlichsten
der Rose:
Makellos schön ist sie
ihre Knospe
die offene Blüte
ein wahres Mysterium

Bald aber welk
fällt Blatt um Blütenblatt
zurück bleibt
nicht einmal Duft

Oder ein Baum:
Zum Beispiel die Birke
mit weißem Stamm
anmutig tanzenden Zweigen
feinnervig zartgrünen Blättchen
steht sie und biegt sich im Wind

Dann: die Blätter zerfressen
der Stamm ausgehöhlt
und verdorben

Unvollkommenheit
breitet sich aus

in allen Geschöpfen
und Dingen die sind:
Da der Tisch
da der Stuhl
die Bank
das Bett
wie makellos anfangs
aus lebendig atmendem Holz
Später gebraucht
verbraucht
mit Rissen und Ritzen
und Flecken
weg von der ursprünglichen Schöne

II
So ist Leben
sagst du
Ist es so?

Ist es die Zeit
die über uns
und die Dinge geht
die ihre Spur hinterlässt
ihre Narben?

Ist es weil wir
die Dinge berühren

weil wir
aus dem Paradies gefallen?

III
Späte Erkenntnis:

Diese Unvollkommenheit
ist *unsere* Bestimmung
ist *unsere* Vollkommenheit
Irdisches und Göttliches
vereint

Damit leben

Den ich fliehe den ich suche

Du der Du in mir bist
auch wenn ich es nicht spüre
Du der Du außen bist
im Lärm und in der Stille
im Schatten wie im Licht

Du am Himmel
und über allen Himmeln
Du auf der Erde
und tief in den Meeren

Du den ich fliehe den ich suche
allüberall mein Leben lang

Vogel Angst

Über mir der Vogel Angst
zieht kreisend seine Bahn
Er schreit und kreist
und kreist und schreit
und hockt sich auf mein Dach

Die Leute die vorbeigehn
sie glauben es sei Spaß
wenn Vogel Angst
mit Flügeln schlägt
und nach mir greift

Erdenmensch du dauerst mich

Es gibt keinen Ausweg mehr
hab mich in der Welt verirrt
Chaos wächst so hoch
dass ich nicht mehr gehen kann
Kriech auf Händen Füßen
unterm Welten-Dickicht durch
Spinnwebfäden kleine Äste
im Gesicht und Haar
Dornenrisse überall

Fremder Vogel über mir
kreist und lässt die Botschaft fallen
Erdenmensch du dauerst mich

Das Wort auf der Stirn

I
Nur-Worte
können das Herz
des Vogels nicht streifen
nicht dem Duft
der Blume begegnen

Das Kind
nichts als das Wort im Ohr
das Wort ohne Atem
verhungert
seine Seele bleibt nackt

Kleide die Seele des Kindes
mit dem Atem des Lichts
hauche das Wort
auf des Menschenkinds Haut

II
Brennend will ich gehn
eine Wunde
aber zärtlich

Auch die Geister
scheuen kein Feuer

Ich geläutert

geh barfuß durchs Feuer

Ein Kind mit dem
zärtlichen Du auf der Haut
trägt eine Blume
das Wort auf der Stirn

Die Dämonen
ziehn heulend davon

Herbsttanz

Erst heute tanzt
die grüne Libelle
übern Teich
Den Sommer über
vergebliches Warten

Kein Schmetterling
im Schattengarten
Sonne hinter Wolken
Woche um Woche
Von Sehnsucht
ließ sie sich
nicht locken

Die Bäume regennass
schoben sich höher
und höher
in den Himmel

Jetzt im Oktober
Himmel blau
Sonne
Wärme

Nun bieten
entlaubte Bäume
der grünen Libelle dem
späten Schmetterling

lichten Raum
für den Herbsttanz

Imagination

Todesschauer vorab
Ich spürs in der Nacht
Es ist ein Kampf
ich kämpfe nicht gern
Lasse die Angstwasser
fließen
Wisch mir
den Schweiß
von der Stirn
Trink Wasser
ein Glas
oder zwei
Bleibe allein
mit mir
und der Angst

Dreiuhrzehn
Ich kneife
die Augen fest zu:
Seh einen Baum
mit Wurzeln wie
Adergeflecht
einer riesigen Krone

Da zwitschert
durchs Fenster
ein Vogel

Sei wachsam

Sei wachsam und wendig
der Zeitgeist verführt
lockt mit der Sonne
lässt dich
im Regen stehn

Hör auf die Stimme
in dir
dein Gewissen
Bilde
dein eigenes Urteil

Lebe sanft
ohne Gewalt
gegen dich
und andre
aber auch
ohne Schwäche

Bleibe dir treu und
treu der Schöpfung
ihren Werken
und Wundern

Mische dich ein
in unrechtes Tun
auf deine eigene Art

Bleib wachsam
und zugewandt
der Welt
und den Menschen

Ich bin ich
du bist du

Wir haben die Wahl
alleine zu gehn

oder zusammen

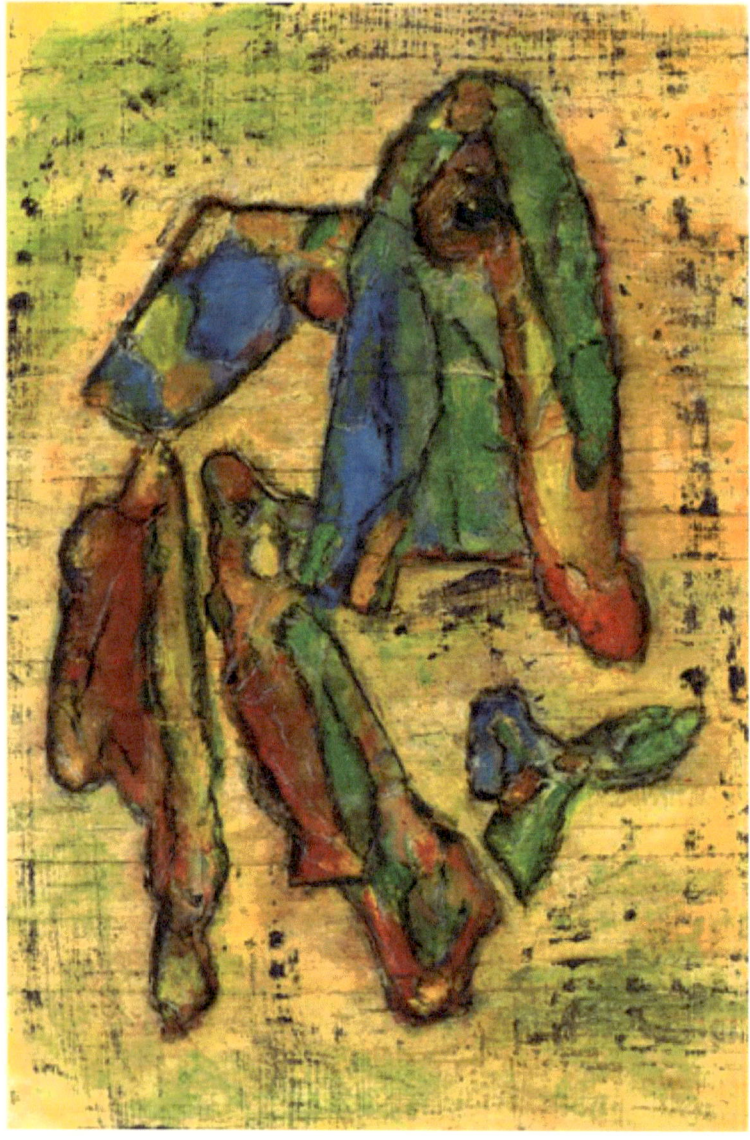

VII

VERSTREUTES

DORFGESCHICHTEN
BÄNKELLIEDER
KLEINE PROSA

Fronleichnam
Kindheitserinnerung

Die Prozession
durch die Dorfstraßen
Bläserkapelle
„*Großer Gott wir loben dich*"
Zeile für Zeile
inbrünstig gesungen

Der Baldachin
Himmel auf vier Pfeilern
getragen von vier Männern
darunter der Pfarrer
im goldenen Gewand
die goldblitzende Monstranz
hoch erhoben

Kleine Mädchen
in hellen Kleidern
mit Kränzchen im Haar
Blumenkörbchen
am Band um den Hals
streuen Blüten auf den Weg:
Rosenblüten Päonienblüten
Margeritenköpfe Mohn
Manche tragen eine Lilie

Dann die Kommunionkinder:
In weißen Kleidern die Mädchen

bekränzt mit Myrten und Blumen
Die Buben in dunklen Anzügen
Feierlich gehen sie
vor der Monstranz

Die Musikkapelle
Anschließend Männer und Frauen
Größere Mädchen
die vorbeten inmitten
der Prozessionsschlange
immer zu zweien
laut
fast schreiend
sprechen sie zwei Zeilen
eines Liedes
eines Gebetes
Die Gläubigen singen nach
geben Antwort

Der Singsang
schwappt vor und zurück
Kein einheitlicher Ton
in der langen Prozession

Am Wegrand junge Birken
frisch geschlagen
Aus den Fenstern grüßen Fahnen
hängen weißbestickte Tücher
darauf Vasen voll Blumen
ein Kreuz in der Mitte
oder eine Marienfigur

Heiligenbilder
Kerzen

Die Prozession
erreicht den ersten Altar
aufgestellt und geschmückt
am Abend zuvor
mit kunstvoll gelegten
Blumenteppichen

Die Prozession hält an
der Pfarrer schreitet zum Altar
liest das erste Evangelium
betet segnet
schwingt das Weihrauchfass
Die Bläser blasen laut
die Gläubigen singen:
„Deinem Heiland deinem Lehrer
deinem Hirten und Ernährer…"

Die Monstranz schwebt
segnend über der Menge
manche knien im Staub
Die Sonne scheint warm
Es leuchtet und jubelt
Weihrauch steigt zum Himmel

Weiter geht es
zu allen vier Altären
mit Gebet Gesang und Segen

Dann schlängelt sich
die Prozession
zurück zur Kirche
alle sichtlich ermüdet
noch singend und betend
aber schon in Auflösung
begriffen
Manche Gläubige
bereits in ihren Häusern
verschwunden
mit geweihten Blüten
und Blättern in der Tasche
Mitbringsel für
Daheimgebliebene

Ein Frühlingsfest
ein Blumen- und
Weihrauchrausch
eine Demonstration
der Zugehörigkeit
ein Zeugnis des Glaubens
vielleicht

Für die Kinderseele
ein hoch-heiliger Tag
eingebrannt für immer

Großvater Mathias

Mein Großvater ging Märchen erzählen
und sie freuten sich auf ihn
Mathias komm erzähl uns
vom verzauberten Prinz
vom Troll der über die Berge herkam
und den drei Zitronen
die Prinzessinnen warn

Und mein Großvater sprach
in gebrochenem Deutsch
sprach lebendig mit Händen und Füßen
Alle lauschten
und waren einander nah
es gab noch was wo Unmögliches geschah
und der Bär plötzlich ein Königssohn war
und die Königin eine Hexe

Der Stammtisch

Den Stammtisch ließ sich Großvater nicht nehmen
er ging jede Woche einmal nachmittags hin
Großmutter war zwar immer dagegen
was musst du quatschen gehn wie ein Weib
außerdem ist hier Arbeit im Garten

Aber er machte die blaue Krawatte um
zog den Anzug an und die besseren Schuh
kämmte liebevoll seine drei Haare und adieu
nahm Hut und Spazierstock war weg

Am Abend kam er mit roten Bäckchen
und lustig zurück
Sie sagte du schwankst ja
und ach geh wie du riechst
Da ging er in seine Kammer hoch
nahm die Geige
spielte den Zigeunerbaron
und dann Maria zu lieben

Mariechen

Habt ihr das Mariechen gesehn
dem Anton seine Frau
Es soll verschwunden sein
seit zwei Tagen

Mariechen ist doch
nicht richtig im Kopf
man muss es suchen gehn
da unten am Wasser
und oben im Wald

Kommt
suchen wir Mariechen
Aber die Kinder
lassen wir lieber daheim

Gewitterangst

Das Herrgottchen zankt
sagten sie zu den Kindern
wenn arge Gewitter losbrachen
Sie holten die Taufkerzen
hoch oben vom Schrank

entzündeten sie
und beteten laut:
Bitt Gott für uns Maria

Gelobten zur Frühmess
zu gehn jeden Tag
wenn das heut nicht
der Weltuntergang wär

Fromme Anna

Geht zur frommen Anna
die betet euer Kind gesund
aber sagt es dem Pfarrer nicht

Anna betet Vaterunser und Avemaria
den Schmerzhaften Rosenkranz
den Glorreichen Rosenkranz
O mein Jesus verzeih uns unsre Sünden
bewahre uns vor dem Feuer der Hölle

Und noch viele fromme Sprüche dazu
Ihr werdet sehn

Und wenn das Kind doch stirbt
dann habt ihr nichts geglaubt

Prügelknabe

Er war ein schmächtiger verträumter Knabe
mit blonden und zu langen Haaren
kein Dorfkind und deshalb Prügelknabe

Einmal spielten sie Indianer im Wald
Und er ging wie immer den Waldweg entlang
und träumte vor sich hin
Da überfielen sie ihn und zerrten ihn mit
er weinte und schrie gottserbärmlich
Doch sie lachten: es war ein so schönes Spiel

Sie fesselten ihn und banden ihn dann
kopfunter an einen Baum
Sie schlugen und bespuckten ihn
solang bis es keinen Spaß mehr machte
weil er glatt in Ohnmacht fiel

Kinderspiele

Sie nahmen Stäbchen und wickelten
Spinnweben drumherum
und ärgerten damit den Rudi
der ängstlich war und dumm

und konnte so schön kreischen
und weinen fürchterlich
schrie immer nach seiner Mama
die längst gestorben war

Kinderlied

Ich bau mir ein Lupinenhaus
blau violett und weiß
Ich spar die Kerzen
nachts sind ja
Glühwürmchen für mich da

Und wenn es eines Tags verblüht
mein duftendes Lupinenhaus
sag ich: Adieu
und gehe fort
weit in die Welt hinaus

Hexensprüche

Es war ein warmer blauer Märztag
dideldum
die Hex konnt nicht warten bis Mai war
dideldum
ging jetzt schon um

Sie flog über die Vorstadtgärten
dideldum
streut ihr Gift aus vor jedem Haus
dideldum
sagte Hexensprüche

Sie flog auch hier rum
dideldum
spritzt ihr Gift zu meim Fenster rein
dideldum
zog mir eine Fratze

Hexenmahlzeit

Und es sprach die kleine Hexe
liebe Gäste seid willkommen
in der Hexenküche mein
O es wird euch herrlich munden
geb euch drauf mein Hexenwort
Habe alles mit viel Liebe
und mit Sorgfalt vorbereitet
Hurtig geh ich nun ans Werk

Koche eine Krötensuppe
gut gewürzt mit Cumarin

Mache Fliegenpilz-Omeletten
schön garniert mit Herbstzeitlosen

Dazu gibt's im Fingerhut
einen Saft aus Euphorbon

Und der Nachtisch
seht wie köstlich:
glänzend-frisch und teufel-schwarz
Tollkirschen aus meinem Garten

Liebe Freunde nehmt euch reichlich
Und wer nichts mehr essen kann
darf dann schlafen schlafen schlafen

Unk nur Unke

In meim einsam Gärtelein
hinter einer Mauer
kriecht hervor die Unke
bringt ihr goldnes Krönelein
funkelt in der Sonne

Will nit Gold und Edelstein
liebe gute Unke
warte auf den Liebsten mein
kann nit mehr alleine sein

unk nur Unke unke

Ich flog auf eine Weide
- Bänkellied –

Einst fand ich eine Leiche
sie lag noch halb im Teiche
war grade angeschwemmt

Es war ein weiblich Wesen
und minder schön gewesen
war Kind und Greis zugleich

Sie hatte Kummeraugen
und einen vollen Mund
der wurde tot
von Stund zu Stund

Da kamen plötzlich fünf Raben
die wollten das Mädchen haben

Ich ließ es nicht zu
und nahm einen Stecken
wollte damit
die fünf Raben schrecken

Nun fielen die Vögel über mich her
ich flog auf eine Weide
Sie hocken am Boden und ärgern sich sehr
aber tun mir nichts mehr zuleide

Bruder Zigeunerrot
- Bänkellied -

Mein Bruder heißt Zigeunerrot
und trägt gern schwarze Farben
Er wünscht sich einen jähen Tod
weil er nicht möchte darben
nicht alt sein und in Not

Im Winter geht's ihm kümmerlich
trotz vierundzwanzig Röcken
und Mützen tief bis ins Gesicht
da geht er fast am Stecken
und zittert fürchterlich

Er wär so gern ein Wüstenscheich
mit dreiundvierzig Dromedaren
ging tiefverschleiert durch sein Reich
Nur manchmal würd er Auto fahren
und täte leben heiß und reich

Mit Freunden in Weimar (1986)

Aus der Zeit herausgehoben
schritten wir durch Goethes Häuser
und auf seinen Wegen hin
Ganz besonders lieb war mir sein Garten

Und auf Schillers Schreibtisch
sah ich voller Ehrfurcht
und auf seine Feder
Aber keiner dieser Großen
wollte seinen Geist mir leihn

Darum ging ich weiter mit den Freunden
Regenschleier um die Augen
zu Franz Liszt ins Haus am Park
Auf der Eingangsstufe wehte uns entgegen
eine Ungarische Rhapsodie
und ich schwebte durch die Kostbarkeiten
nur umhüllt von Melodien

Weimars Ratskeller war freudlos sozialistisch
wie so manche Nebengassen
weil die neuen Herrn der Stadt
keinen Glanz verbreiten können
und der alte bröckelt langsam von den Mauern ab

Aber mit den Freunden und den großen Dichtern
und den Künstlern die nicht kleinzukriegen sind
hab ich Weimar in mein Herz genommen

Aprilwetter

Heute typisches Aprilwetter – kalt, stürmisch, regnerisch, dann Blau mit Bilderbuchwolken und Sonne, die den Garten und mein Zimmer in Licht taucht. Und wieder Sturmböen, Regenschauer, dunkle Wolken, und Tanne und Birke neigen sich gefährlich in mein Fenster. Diese starke Bewegung in der Natur, diese heftigen Kontraste!

Der Tag läuft davon wie das Leben. Und doch verharrt die Zeit in diesem Augenblick. Ich sehe den bewegten Himmel mit den sich ständig verändernden Wolken. Vergänglichkeit. Ewigkeit. Was möchte ich? Was kann ich ertragen? Suche ich das Leben im Verweilen – oder fliehe ich davor in fortwährender Bewegung? Möchte ich es im Vorübergehen halten, eine Ewigkeit lang? Was erschreckt mich, wenn es ist und vergeht?

Ich misstraue der eigenen Tiefe. Es ist Unwirklichkeit, die mich streift, Lockung, Gefährdung. Und doch ist es Wirklichkeit, meine Wirklichkeit.

Die andere Sicht

Eine schwarze Regenwand hängt über der Stadt. Wieder ein Regentag in diesem Regensommer. Die Stadt bleibt mir fremd, ich werde nicht heimisch. Trostlosigkeit. Ich suche nach Einfällen von Licht, nach Sonne hinter den Wolken. Ich öffne das Fenster. Verstärkt hör ich das Rauschen der nahen Autobahn, das Tuckern von laufenden Motoren unter mir auf der Straße. Ich atme eine Luft, gesättigt von Giften und Feuchte. Wie leicht schwappt das Dunkle und Nasse über! Wir haben viel Hoffnung und Leben zerstört, Noahs Taube kann keinen Ölzweig mehr finden. Ich sehe über die Straße hinweg. Meine Augen wandern zu den Feldern und Wiesen, die es hier immer noch gibt zwischen den Zeitfabriken und Tempostraßen. Und ich hänge fest im verwässerten Grün, so viel Grün, Regengrün! Ich schwimme in einem Aquarium, nass-grün. Wo ist Licht für die Augen, für die Seele? Da entdecke ich über die Hecken gebreitet Holunder, weißblühend in riesigen Tellern. Was ist es, das mich plötzlich aufhebt und leicht macht? Ist es der Duft der Blütendolden, der mich aus der Kindheit her anweht? Ich lehne mich weit aus dem Fenster und bin augenblicklich daheim.

Das Wunder

Ich sitze auf der blauen Bank hinter dem weißen Haus, die seltene Sonne dieses Sommers auf meinen Händen, auf meinem Gesicht. Ist das nicht Grund genug zu singen?

Müde war meine Seele, mein Körper geworden von den Alltäglichkeiten, von aller Bedrängnis der Welt, den wachsenden Ungerechtigkeiten, dem vergeblichen Ringen nach Frieden. Müde war ich geworden von alldem, und meine eigenen kleinen Kümmernisse hingen auf mir wie die Regenwolken über der Landschaft. Schwärme von Trauer zogen über mich hin.

Aber die Sonne ist wiedergekommen, ich spür sie auf meinen Händen, auf meinem Gesicht. Und mit ihr öffnet sich Blüte um Blüte. Die Rosen strecken dem Licht sich entgegen, brechen aus ihrem Innern, fließen über von Farbe und Duft.

Kann ich jemals begreifen, was da an Wunderbarem geschieht?
Mein kleiner Verstand steht still, und ich schmecke und rieche und bin einfach nur. Sitze auf der blauen Bank hinter dem weißen Haus und schaue:
Das Wunder ist in mir und außer der Zeit. Und ich kann einen Zipfel von Gottes Mantelsaum fassen.

Südlicher Sommer

Ich ging am Meer entlang. Die Hitze flimmerte mir vor Augen, sirrte um meinen Kopf. Staub wirbelte auf unter meinen Füßen, heiß kroch er an den Beinen hoch.

Ich bewegte mich vorwärts, langsam, langsam, setzte mich auf einen Stein, wie eine Eidechse trank ich Wärme mit allen Sinnen. Den Geruch der trocknen, heißen Erde nahm ich auf, den Duft der versengten Gräser und Kräuter. Nichts war als dieses Glühen, das Meer blau, unbeweglich. Nichts störte diesen starken Sommer, nicht einmal meine Gedanken, nicht Krankheit noch Tod.
Alles war, wie es war, es war gut.
Dieser Augenblick bedeutete Leben, kostbares Leben.
Vereinzelt leuchteten Blumen auf wie Fackeln, die ganze Glut des Sommers war in ihnen gebündelt, zur Ekstase gelangt.
Ich ging und ging, die Haut brannte, die Hitze flimmerte. Ein Sprung ins Meer, das mich aufnahm, kühlte, umfing.
Und wieder Wärme, Licht, hoher Sommer, jetzt – eine Ewigkeit lang.

Man vergisst schnell

„*Man vergisst schnell*", sagte meine Mutter, und meinte die Toten. Sie sagte es kurz vor ihrem eigenen Tod, im 89. Lebensjahr.

Die Toten sind tot. Der Tod reißt eine Wunde auf, die eigene Verletzlichkeit wird deutlich. Etwas geht zu Ende, ein Teil unseres eigenen Lebens verschwindet. Es schmerzt, Vertrautes gehen zu lassen, Abschied zu nehmen und den Verlust auszuhalten. Das Gewesene kommt nie mehr wieder. Wir sind nicht mehr ganz, ein Ganzes, und nicht ganz so wie wir waren. Gewohnheiten, Rituale fallen weg, Besuche, Gespräche über gemeinsame Erinnerungen oder die Kindheit, vorbei. Es gibt keine Möglichkeit mehr der Befragung über den eigenen Ursprung. Großeltern, Eltern sind tot, die wenigen Verwandten auch und manche alten Freunde. Etwas erstarrt in mir, und doch gehe ich dermaßen verletzt weiter.

Drei Fotos der Mutter stehen in meinem Bücherbord, sie zeigen sie in verschiedenen Lebensphasen, jung und älter werdend. Manchmal schaue ich noch hin, oft bleiben sie vergessen. „*Man vergisst schnell.*" Stimmt das?

Sieben Jahre sind seit dem Tod der Mutter vergangen. Habe ich inzwischen ihren Tod verdrängt, oder habe ich ihn akzeptiert und verinnerlicht? Ich weiß es nicht. Es ist so – und ganz anders.

Am Morgen ihres Sterbetages – in ihrer Todesstunde, wie ich später erfuhr – weckte mich ihre Stimme, ihr Seufzer: „Ach, Utchen!" Es klang so nah, hautnah. Ich erschrak. Einige Stunden später kam der Anruf mit der Todesnachricht.

Ich trage diese beiden Worte in mir, nicht wissend, was sie bedeuten. Bedeuteten sie für die Mutter Erlösung, war es Schmerz, Abschied und Bedauern, dass sie uns und diese Erde verlassen musste? Wir wissen nichts.

Als ich sie, nach der Ankunft in Alzenau, aufgebahrt in einem Friedhofsraum sah, nicht mehr lebendig, so tot, ausgestreckt, sehr ernst und fast bitter, ging eine Erschütterung durch meinen Körper und meine Seele. Wo bist du? fragte ich. Aber es gab keine Antworten mehr. Dreimal ging ich zu ihr, in den Raum neben der Kapelle, nahm Abschied von ihrer Gestalt, von dem, was geblieben war, streng und abweisend, mit gefalteten Händen.

Tage darauf die Beerdigung. Ihr lebloser Körper, im Sarg verschlossen, wurde in das tiefe Grab hinunter gelassen, Erde darüber gehäuft und Blumen. Erschütterung bei allen, die anwesend waren. Dann Hinweggehen, langsames sich lösen, Benommenheit, an diesem wunderbaren Maitag mit Wärme und Sonne und Blühen.

Einige Tage blieb ich noch im Mutterhaus, ging durch ihren Garten, und manches Mal an ihr Grab. Da war nichts mehr von ihr, nur der Name auf dem

Holzkreuz. Im Haus dagegen war sie, die Mutter, verhalten anwesend. Der große Kirschbaum im Garten blühte übervoll, strahlend weiß, sie hatte ihn noch gesehen. Er gab mir Trost und Hoffnung. Tod und aufbrechendes, neues Leben, so nah beieinander. Ich nahm das Blühen, diese wunderbar reinen Kirschblüten, mit in meinen Alltag, in meine Stadt, in meine neue Einsamkeit und Trauer.

Meine Geschichte mit Hilde Domin

Hilde Domin – Ich wähle die Telefonnummer, eines Mittags, im Jahr 1977. Ich, Am Kalten Born in Göttingen, läute bei der Dichterin im Graimbergweg in Heidelberg an. *„Haben Sie soviel Geld"*, sagt sie. *„Ich habe gar keins."* – *„Dann rufen Sie doch abends an."* Ein vorsichtiges Hin und Her entsteht. Ich lebe von ihren Gedichten, sie empfiehlt mir heiße Milch, unbedingt heiße Milch am Abend. Immer wieder: heiße Milch. Ein rosafarbener Rosenstrauß kommt in meine Einsamkeit, üppig und herrlich, wann bekam ich den letzten? Sie wirbt um mein Leben. Es beginnt eine Freundschaft, eine merkwürdige, spannende, schöne.

Ich lerne die Wohnung im Graimbergweg kennen, die wie ein Flugzeug über Heidelberg segelt, luftig und leicht, nur am Schlossberg angehängt. Gespräche mit Hilde Domin und Erwin Walter Palm, ihrem Ehemann, beide großartig in ihrer Menschlichkeit, erdnah, aber nicht gebunden an die Erde. Der Hunger wird gestillt, der leibliche gleichermaßen wie der geistige. Heimatgefühl in mir. Die Vögel fliegen ein und aus auf dem hohen Balkon.

Die Dichterin lockt mich aus meinem Schneckenhaus, lockt mich aus Göttingen in eine fremde Stadt, nach Wuppertal, der Schwebebahnstadt, der Stadt der Else Lasker-Schüler. Sie lockt mich in eine Arbeitswelt und zu Menschen, die mir fremd sind, denen sie aber einen Vorschuss an Vertrauen gibt, denen sie Charakter attestiert. Sie hat Recht. Hilde Domin und die Verlegerin trauen meinen Gaben, und so wachse ich in die Verlagsarbeit, fasse Fuß in der schwermütigen Stadt.

Die Gedichte von Hilde Domin und ihre helle Stimme begleiten mich durch Zeiten der Resignation, der Krankheit und des Aufbruchs, jahrzehntelang, sind Trost und Ermutigung, Ansporn zur eigenen Zivilcourage. Und immer wieder gibt es Begegnungen, die tragen, Zeichen der Freundschaft und des Vertrauens – bis zuletzt.

1988 verlässt Erwin Walter Palm diese Erde, verlässt seine Gefährtin. Wer kann den Schmerz dieser Trennung begreifen? *(„Erwin wollte so gerne hundert werden", sagt sie.)* Ich möchte ihr *„die Hand hinhalten",* aber es gibt keinen Trost. Fast keinen als die tägliche Arbeit, das Vermächtnis des Gefährten, das sie erfüllt, das sie trägt, das sie an uns weitergibt.
Hilde Domin geht bis an ihre Grenzen, bis ans Äußerste geht sie in einem mühsam gewordenen Alltag, getragen von Freunden und einer großen Lesergemeinde. Mit Neugier und ihrem Mut zum *Dennoch* geht sie, aber letztlich einsam und allein

bis zu ihrem Tod im Februar 2006, nach einem Sturz im vereisten Schnee.

Hilde Domin, eine kleine Frau von großer Tapferkeit, mit ungeschwächter Neugier auf Leben und Menschen, begnadet im Wort und zuhause im Wort wie selten jemand.

Auf ihrem und ihres Mannes Grabstein steht die hoffnungsvolle Gedichtzeile: *„Wir setzten den Fuß in die Luft / und sie trug."*

Der goldene Knopf

Ein sonniger Frühlingstag. Mittagszeit. Ich schlendere über die Treppenstraße in Kassel. Da stoße ich auf eine kleine Gruppe von Menschen, die alle nach unten schauen. Sie scheinen etwas Interessantes zu sehen. Ich bleibe stehn. Was ist passiert?
Eine ältere Frau kniet auf den Steinen, starrt in ein Loch. Ich höre von den Leuten, da ist ein Knopf hineingefallen, ein goldener, der dieser Frau gehört. Er fiel durch die offenen Rillen der Steinplatten. Zwei Platten sind bereits herausgehoben, und die Frau sieht nun da unten ihren goldenen Knopf. Aber das Loch ist zu tief, um mit den Armen hinunterzureichen und den Knopf herauszuholen. Ich schaue auch nach unten, streng mich an, etwas Goldenes zu sehen, aber ich seh einfach nichts als Dreck.
Plötzlich springt die Frau auf, läuft weg. Die Menschen stehn ratlos herum, auch ich, jemand sagt *die spinnt ja*. Und doch bleiben wir alle stehn, schauen ihr nach, warten. Sie verschwindet in einem Geschäft. Nach wenigen Minuten erscheint sie wieder mit einer langen Stange, wie man sie zum Herunterlassen der Markisen benutzt. Und dann wählt die Frau aus den Umstehenden einen jungen Mann aus und bittet ihn, mit der Stange nach dem Knopf zu angeln. Der Mann geht in die Knie, müht sich ab, vergeblich. Vorübergehende bleiben kurz stehn, tippen sich an die Stirn, lachen, gehen weiter.

Der harte Kern aber bleibt und verfolgt mit einer gewissen Spannung, was weiter geschieht. Inzwischen hat die Frau den Mann abgelöst, liegt wieder selber auf den Knien, starrt in das Loch. Plötzlich scheint sie eine neue Idee zu haben. Sie springt auf, kramt in ihrer Handtasche, die irgendwo lag, holt eine Geldbörse heraus und öffnet sie. Den Inhalt kippt sie in die Tasche. Und nun befestigt sie das Portemonnaie an der langen Stange, die am unteren Ende einen Metallhaken hat. Sie bohrt ein Loch in die schöne, lederne Geldbörse. Das Ganze sieht nun aus wie ein Klingelbeutel in der Kirche. Wieder reicht die Frau diesen Klingelbeutel dem jungen Mann. Und dieser, erneut vor dem Loch kniend, versucht mit aller Vorsicht nach dem Knopf zu angeln.

Die Umstehenden sind angespannt, halten den Atem an, man spürt eine gewisse Solidarität untereinander. Auch ich fühle mich mit einbezogen. Und, siehe da, der junge Mann hat Glück. Er erwischt tatsächlich den Knopf. Die Frau strahlt. Aus dem nun schmutzigen Geldbeutel holt sie ein schmutziges Etwas heraus: den goldenen Knopf. Behutsam wickelt sie ihn in ein weißes Taschentuch. Dann schüttelt die Frau dem jungen Mann euphorisch die Hände, beide danken einander.

Ich muss meine Augen reiben, um in die Wirklichkeit zurückzukehren. Was war geschehen? Als hätten auch die Menschen um mich herum unter einem Bann gestanden, lösen sie sich langsam von dem eben Erlebten. Teils kopfschüttelnd, teils lachend, teils nachdenklich gehen sie auseinander.

Eine unangenehme Begegnung

Beinahe jedes Jahr treffe ich sie, irgendwo in der Stadt. Heute beispielsweise in einem Sparladen, in einer Gegend, in die ich sonst selten komme. Ich kaufe ein Körbchen Erdbeeren. Statt Mittagessen, sage ich mir. Als ich dann bei der Vitrine für Milchprodukte herumstehe, sehe ich sie plötzlich. Das kann doch nicht wahr sein! Ich hätte mich gleich wegdrehen sollen, aber nein, ich starre sekundenlang hin, und sie erkennt mich. Nun hätte ich sie einfach grüßen und mich dann abwenden können, haben wir doch nichts mehr miteinander zu tun. Wieder einige Sekunden zu spät, und ich lasse mich ansprechen.

„Ach, wie heißen Sie doch noch mal, ich habe gestern so über Ihren Namen nachgedacht." Warum sagt sie das nur? Ich zögere voller Abwehr. Sie wird ungeduldig. Der Ladeninhaber steht daneben. Widerwillig sage ich schließlich meinen Namen. *„Ach natürlich"*, sagt sie. *„Und was machen Sie jetzt? Sie haben doch eine Arbeit, oder etwa nicht?"*

Ihre Augen wandern wie Ratten über mein Gesicht, über meinen ganzen Körper, kriechen in mich hinein. Ihr Gesicht kommt dem meinen ganz nahe, so wie sie es früher während meiner Berufszeit im Kinderheim auch immer gemacht hat. (Sie war dort ehrenamtlich als Gruppen-Oma meiner Jungen-Gruppe zugeordnet.) Ihre Stimme wird flüsternd, aber nicht leiser. Das ist alles so ekelhaft, so widerwärtig, wie früher.

Warum mischt sie sich immer wieder ein in meine Belange, in mein Leben? Und ich steh immer noch weiter herum. *"Hier wird eine Waldorfschule eingerichtet, wollen Sie nicht mitmachen?"* (Ein Jahr zuvor war es eine Wohngemeinschaft, ein Altenheim.) *„Das wär doch was für Sie. Das macht doch Freude! Oder etwa nicht?"*

Ich schaue auf meine Erdbeeren: sie sehn auf einmal so matschig und unappetitlich aus. Und ich entdecke auf meiner hellen neuen Hose rote Flecken, Erdbeerflecken. Die Frau redet weiter, ich sehe nur noch die Flecken auf meiner Hose. Ich stelle die Erdbeeren zurück auf ihren Platz, laufe, laufe, wie gejagt, ohne Erklärung, ohne Verabschiedung, renne durch die Kasse, renne aus dem Laden und weiter um die nächste Straßenecke. Tränen steigen hoch. Aber auch Zorn.

Böse Erinnerung

Vergessen und wieder erinnert, dass der Junge damals auf den fahrenden Zug aufsprang. Es war ein langsam fahrender Bummelzug im Kahlgrund. Der Junge rutschte aus, fiel und kam unter die Räder. Dabei, so sagte man, wurde der Kopf des Kindes vom Rumpf gerissen. Entsetzen damals und noch Jahre später unter Erwachsenen und Kindern. Ich selbst war Fahrschülerin, viele Jahre auf dieser Strecke, wie der Junge, und manches Mal bin auch ich auf- oder abgesprungen vom fahrenden Zug.

Heute wieder das Geschehen von damals vor Augen, unterwegs auf der Rückfahrt vom Ort meiner Kindheit, als ein Mann auf dem gegenüberliegenden Bahngleis auf den Zug springt. Der Schaffner ruft *„Bitte zurückbleiben!"* wie damals, aber der Mann springt auf, wie damals der Junge. Ich zittere, halte die Luft an, schließe kurz die Augen, sehe dann, der Mann hat es geschafft, gerade noch geschafft.

Große Erleichterung bei mir im gegenüber stehenden Zug, auf der Rückfahrt vom Ort meiner Kindheit.

Schatten und Licht

Wir sind oft Gefangene in uns selber und auch außerhalb. Da ist so viel Schatten.
Manchmal kommt Licht durch die verschlossene Tür, und wir atmen auf. Wir meinen, da sei Freiheit. Wir verlassen unseren Schatten für einen Augenblick.
Dass wir das Licht sehen, ist viel, auch dass wir uns rühren und bewegen können. Aber wie kann Gefangenschaft sich in Freiheit wandeln? Wie können wir über unsere Grenzen hinausgehen?
Vielleicht, wenn wir unsere Poren und Sinne öffnen für das Helle, für das Andere. Wenn wir aus dem Schatten treten, vielleicht wächst dann die Lebendigkeit, die Kraft, die das Verschlossene, das Gefängnis sprengt?

Aber wo bleibt der Schatten? Können wir ihn nachholen als Licht-Grund?

Traum I

Unterwegs in einem Zug mit anderen, mir unbekannten Menschen. Wir steigen in einer unwirtlichen, öden Gegend aus: kein Grün, keine Blumen, keine Bäume – nichts als Steine und Felsen. Am Ende dieser Landschaft stehen merkwürdige Häuser, irgendwie provisorisch, und dann sind da auch wieder Felsen, steil zum Meer abfallend. Es ist wie ein Bühnenbild. Plötzlich entdecke ich drei Mädchen, die sich in dem Augenblick meines Hinsehens von den Felsen ins Meer stürzen. Ich weiß, dass sie sich vor einer heranrückenden Horde von Männern retten wollen. Das Wasser ist eiskalt, wie im Winter. Ich sehe noch die Köpfe der drei Mädchen auf dem Wasser. Eine große Angst ist in mir und die Gewissheit, dass sie ertrinken werden. Ich kann sie nicht retten, kann nichts tun.

Traum II

Mit einem Säugling auf dem Arm bin ich unterwegs in einem alten Städtchen. Es soll ein besonderer Ort sein. Es gibt hier Wassergassen, das sind kleine Bäche, mit flachen großen Steinen. Ich gehe durch das fließende Wasser. Da das Wasser ziemlich niedrig ist, macht es keine Mühe zu gehen.
Ich weiß nicht, zu wem der Säugling gehört, ob ich ihn beispielsweise „ausgeliehen" habe, um mit ihm durch die Straßen des Ortes zu gehen, oder ob er zu mir gehört. Das Gehen mit dem Säugling scheint aber eine an mich gestellte Aufgabe zu sein. Ich laufe durch Seitengassen, gehe nicht den direkten Weg auf der Hauptstraße zum Ortsausgang.
Plötzlich entdecke ich einen großen Garten mit Haus. Auf der Wiese liegen schöne, rote Äpfel. Ich möchte gerne einen aufheben und essen, aber ich wage es nicht. Aus dem Haus kommt jetzt eine freundlich aussehende Frau und sammelt die Äpfel auf. Ich überwinde meine Scheu und frage: „Haben Sie auch Goldparmänen?" – das sind Äpfel aus meiner Kindheit – und halte den Säugling fest in meinen Armen.

Traum III

Im Traum weiß ich, dass ich gleich in die Hölle komme. Noch bin ich auf der Erde und warte mit großer Angst. Mein Körper löst sich auf vor Angst, verschwindet – ein Gefühl, das ich gut kenne. Dann ist es soweit. An einem glühenden Eisenpfahl muss ich mich nach oben in den Himmel hangeln, durch glühendes Feuer, in eine schwindelnde Höhe. Der ganze Körper ist in flüssigem Feuer, es ist entsetzlich. Ganz oben angekommen, sind die Quäler, die Teufel. Mit spitzen Gegenständen wie Messer, Spieße, schneiden sie in meinen Körper, in meine Seele. Aber ich sterbe nicht, bin einfach nicht tot, es geht immer weiter mit diesen schrecklichen Qualen.

Dann werde ich vom Himmel dieser Qualen wieder hinunter auf die Erde geworfen. Furchtbar empfinde ich den Raum zwischen Himmel und Erde, diese Leere, das Nichts, das doch etwas ist. Ich bin einer Ohnmacht nahe und doch anwesend, spüre alles sehr intensiv.

Und im Traum kommt das Wissen, dass ich erneut hier auf der Erde bin, um Gott zu suchen. Eine Suche nach Liebe und Barmherzigkeit. Es ist sehr einsam um mich. Ich wandere allein durch eine unbekannte Gegend, ich komme in Orte, an Gasthäuser und Raststätten, wo sich viele Menschen aufhalten. Ich schaue jedem Menschen, der mir begegnet, ins Gesicht, ich schaue genau hin. Einzelne strahlen Güte und Liebe aus, aber es ist nicht das, was ich suche, ist nicht Gott.

Ich gehe weiter und weiter und weiß, dass ich lange gehen und suchen muss.

In Versöhnung leben – und sterben

„Vergib uns unsere Schuld, wie auch wir vergeben unsern Schuldigern ..." Wie oft stockt mir der Atem, wenn ich diesen Satz des Vaterunsers sage. Ich komme ins Nachdenken. Eigentlich fällt mir vergeben nicht schwer. Aber was, wenn von mir Kränkungen und Unrecht ausgingen? Da muss ich mich ganz schön anstrengen, über meinen Schatten springen und mit dem andern Menschen reden. Ich muss aussprechen, was ich getan oder unterlassen habe und um Vergebung bitten. Wird der andere mir entgegenkommen, mit mir reden wollen? Bei schwerwiegendem Unrecht wird das von beiden Seiten nicht leicht sein, und der Prozess der Versöhnung kann lange dauern. Es gibt aber Menschen, die nach schwerem Schaden, manchmal sogar nach einem Verbrechen, zur Versöhnung bereit sind. Andere niemals. Versöhnung leben, heißt ja nicht vergessen, sondern es geht auch um das Wissen und Benennen der Schuld. Dazu gehören Mut, ein großes Herz und der Wille, etwas zu verändern.

Vor Jahren trafen wir während einer Reise durch Israel die aus Leipzig stammende Jüdin Deborah in einem Kibbuz. Sie wollte gerne mit uns reden. In dem Gespräch fragte sie immer wieder voll Bitterkeit: „Warum habt ihr das getan? Warum musste ich meine Heimat verlassen, meine Schule, alles? Warum habt ihr die Juden alle umgebracht?" Stellvertretend standen wir Frauen für das Dritte Reich, für das Volk der Deutschen. Wir konnten ihr auf diese Fragen keine zufriedenstellenden Antworten geben, nur aussprechen, dass wir uns mitschuldig fühlen. Eine merkwürdige Situation. Wir baten um Vergebung. Da reichte uns Deborah die Hand. Es war befreiend.

Jochanan, ein Künstler in einem andern Kibbuz, war als Junge mit seinem Vater rechtzeitig aus Nazi-Deutschland geflohen. Jahrzehntelang lebte er nun schon in diesem Kibbuz, hatte inzwischen selbst Kinder und Enkel. Aber er litt weiter, wie er uns sagte, unter dem Verlust der Heimat, dem Unrecht, das er und seine Familie erfahren hatten. Gleichzeitig sehnte er sich nach der deutschen Sprache und dem deutschen Geist.

Mit seinen Bildern und Skulpturen konnte er später in Deutschland neue Freunde und Anerkennung finden. Es gab Ausstellungen in verschiedenen Städten, junge Menschen kamen auf ihn zu, was ihn mit Freude erfüllte. Durch seine Kunst fand er zur Versöhnung.

Ich denke an Nelly Sachs, die große jüdische Dichterin. Sie ist für mich der Inbegriff für Versöhnung. Nelly Sachs floh mit ihrer Mutter in letzter Minute vor der Gestapo und einer wahrscheinlichen Deportation nach Schweden.

Später wurde sie Tag und Nacht von ihren Peinigern in Albträumen heimgesucht. Sie rettete sich nur durch ihre Dichtung. Nicht Hass und Vergeltung waren ihre Themen, sondern Versöhnung. Sie glaubte an die starke verbindende Kraft der Worte.

Die Lyrikerin Hilde Domin, auch Jüdin, lebte Versöhnung. Ihre Rückkehr nach Deutschland aus dem dominikanischen Exil und ihre Gedichte, ihr unermüdlicher Einsatz für die Menschenrechte sind dafür ein Beweis.

Versöhnung und Befriedung mag im Leben einzelner Menschen leichter sein als zwischen verfeindeten Nationen. Wir erleben das immer wieder zwischen Israelis und Palästinensern. Ein Konflikt, der stets neu aufbricht und zu Hass und Zerstörung führt. Wie viele Verhandlungen sind schon gescheitert! Beide Völker glauben sich im Recht, das Land zu besitzen, und sprechen dem jeweils anderen das Existenzrecht ab.

Auch zwischen Religions-Gemeinschaften gibt es Unfrieden, sogar Kriege. Wie wichtig sind da die Gespräche miteinander, der Respekt vor dem Andersdenkenden und die Suche nach Gemeinsamkeiten. Wie schwer das sein kann, beweist uns die Geschichte von ihren Anfängen bis zur Gegenwart. Nicht selten kommt es auch in Familien, am Arbeitsplatz oder in Nachbarschaften zu Unversöhnlichkeiten, die manchmal sogar in erbitterte Feindschaft übergehen können. Zurück bleiben unglückliche und einsame Menschen.

„Deinem Atem / entsprungen /zu Mördern / geworden / die Erde / zerstört / vergib" Dies kurze Gedicht schrieb ich in den 80er Jahren. Was hat sich bisher verändert? Wie gehen wir weiterhin mit der Schöpfung und ihren Geschöpfen um? Wir haben Raubbau getrieben an der Natur und den Mitgeschöpfen, oft aus Profitgier gehandelt oder aus Gedankenlosigkeit und Unwissenheit. Wir meinten, uns stehe alles zur Verfügung – Tiere, Pflanzen, Luft und Wasser. Doch allmählich suchen wir neue Wege und beginnen, die Natur zu bewahren und zu schützen.

Wir erkennen wieder, dass wir Menschen nur ein Teil dieser Schöpfung sind und ohne sie nicht lebensfähig. Tiere, Pflanzen und Bäume sind uns anvertraut als Mitgeschöpfe, ihre Existenz ist so kostbar wie die unsere. Das wusste bereits Franz von Assisi. Er sprach mit Sonne, Mond und Sternen, mit den Fischen und Vögeln, dem Lamm und dem Wolf. Franziskus lobte und pries Gott für alle Kreatur in seinem wunderbaren Sonnengesang.

Schließlich denke ich an die Versöhnung mit mir selbst – und mit dem Schöpfer. Manche Begebenheiten in meinem Leben kann ich mir oft nicht verzeihen, mein Lebensweg hätte ein andrer sein können. Es gibt Versäumnisse und Verstrickungen. Da sind Begegnungen, die ich nicht nutzte, und andre, von denen ich mich nicht löste. Das Wunschbild, das ich von mir hatte und habe, sieht etwas anders aus als die Wirklichkeit. Mein Leben und Schicksal, von der Geburt an bis heute, muss ich annehmen, mich mit den Gegebenheiten versöhnen. Wenn ich meine Schwächen besser erkenne, kann ich vielleicht auch meine Stärken besser sehen.

Die Versöhnung mit Gott, der Krankheit, Leid und Unbegreifliches zulässt, ist, so denke ich, die Voraussetzung für mein Sterben in Frieden. Der Tod als letztes Geheimnis steht vor mir. Ich muss frei werden, mich lösen von manchem Ballast und einwilligen in das Leben – wie es ist, wie es war.

In Versöhnung leben und sterben – wenn wir das auf diesem Planeten erreichen, werden wir glücklichere Menschen sein.

Paradies-Gedanken

Was für ein Sonntag! Das Bild des Sommers vor Augen und spürbar um mich herum, hier im Garten in Unterfranken. Hohe Temperaturen, dreißig Grad am Vormittag, ein leichter Wind, der das Schilf bewegt, die Sträucher und Bäume und auch die Blumen auf ihren dünnen Stängeln. Bienen und Hummeln hocken in den gelben Blüten der Sonnenröschen und auch an der blauen Königswinde. Wenige Schmetterlinge, wie Zitronenfalter, Bläulinge, gelegentlich auch ein Pfauenauge, schaukeln durch den Garten zur offenen Wiese hin. In der Ferne klagt der einsame Bussard um seinen verlorenen Gefährten. Der Himmel zartblau, ohne Wolken. Eine Sommeridylle, ein Sommertraum.

Was fehlt mir in dieser Idylle, in dieser äußeren Schönheit? Bin ich maßlos, wenn ich in diesem Augenblick an ein noch anderes, weit vollkommeneres Paradies denke? An ein Paradies ohne Krankheiten und Sorgen, ohne Altwerden und Tod. Ein Paradies ohne Hunger, Naturkatastrophen und durch Menschen verursachtes Leid. Ein Paradies, in dem Kinder lachen und lange Kind bleiben dürfen, in dem die Erwachsenen froh und zufrieden sind, allein und miteinander. Ein Paradies, in dem die Natur als eigene Schöpfung respektiert und behandelt wird.

War es einmal so gedacht oder träumen wir davon, dass es einmal so war, bevor der Mensch sich für das Wissen-Wollen entschied, bevor er sich von der übrigen Schöpfung abgrenzte und selbst als Schöpfer sah, um wie Gott zu werden? Gab es den Garten Eden wirklich, in dem unsere Stammeseltern glücklich lebten, in einer heilen Welt, als Mitgeschöpfe von Tieren und Pflanzen, als Ebenbild eines göttlichen Wesens?

Gab es die weise Schlange, die wusste, dass der Mensch, wenn er Mensch ist, mehr will als einen paradiesischen Zustand? Dass er auch Mühe und Arbeit braucht, Schweiß und Tränen, um zu erfahren, was er aus sich selber heraus kann, welche Fähigkeiten und Gaben er hat? Um größer und größer zu werden und über die Erde hinaus zu wachsen, ins Universum hinein und über alles, was ist, zu verfügen? Oder brauchte er die Verführung der Schlange, um nach der Trennung vom Paradies die Sehnsucht kennen zu lernen nach dem Garten Gottes, um wieder dorthin zu kommen?

Gehört nicht beides zusammen, die Trauer und die Spannung des Getrenntseins, in der Neues erfahrbar wird auf dem unbekannten Weg, zurück zum Paradies – oder zu einem ganz neuen, unvorstellbar anderen Dasein?

Wir heutigen Menschen vergessen leicht dieses Ziel, wobei eine verborgene Sehnsucht bleibt und uns umtreibt. Lebten wir aber ständig in der

Vollkommenheit des Paradieses, würden wir es vielleicht erneut verlassen und Mühe, Dornen und Schweiß suchen, wie Adam und Eva.

Ist überhaupt eine Menschheit denkbar, die zurückfindet zum Paradies und dort fraglos zufrieden, eben paradiesisch, leben könnte?

Ein unendlich langer Weg liegt da noch vor uns, ein Weg, der in die Tiefe führt und doch über uns hinausweist, weit hinaus, vielleicht ins Paradies.

ANHANG

Stimmen zu den Gedichten

Lebendig tritt dem Leser der Widerstreit der Gefühle in diesen Gedichten entgegen. Die Autorin kennt Hoffnung wie Verzweiflung, Geborgenheit und Fremdsein. Sie findet Antworten im Umgang mit den biblischen Psalmen, aber so viele Fragen bleiben offen, bestimmen den Ton ihrer bald traurigen, bald hochgemuten Gedichte.
Es ist ein langer Weg nach innen, den Ute Zydek antritt. An seinem Rand stehen die Erfahrungen einer schweren Krankheit, die Gewissheiten, dass alles auf Sand gebaut und in den Wind geschlagen werden kann. Der religiöse Grund, der die Autorin öfters tragen mag, muss immer wieder den Abgründen weichen: *„Geschlagen hast du die Deinen / musste das sein ..."*
Verheißung kehrt sich in Verzweiflung, und diese Nicht-Selbstverständlichkeit des Glaubens schafft Nähe zum Leser ...
Ute Zydek arbeitet mit den Mitteln einer einfachen, rhythmisch empfindsamen Sprache. Maßvoll setzt sie ihre Bilder ein, nicht kühn, eher vorsichtig.... Die Reife ihrer Lebenserfahrungen spricht indes eine deutliche Sprache. *Neue Zürcher Zeitung*

Die künstlerische Qualität der Gedichte Ute Zydeks ist offenkundig... In der italienischen Literaturkritik gilt als höchstes Kriterium für den Wert einer Arbeit, die künstlerische Qualität vorausgesetzt, ob sie „sofferto" ist oder nicht: ob sie nur „gekonnt und gedacht" ist, oder erlitten.
Ute Zydeks Gedichte sind in höchstem Maße erlitten. Kein Wort, das nur um des Effektes willen hingesagt wäre, nichts Artifizielles. Das ist alles ganz wahr und der eigenen Höhlenwelt entrissen. Was sie selbst von ihrer Arbeit denkt, schreibt sie in dem Gedicht *„Höhlenbewohner"*. Sie sieht sich selbst als Höhlenmenschen, der in der dunklen Einsamkeit Zeichen in die Wände ritzt. Vielleicht wird einer sie finden, der fähig ist, die Runen zu entziffern, und vielleicht wird es ihm ein Trost sein zu lesen, was da *„im Verstummen zwischen Stein und Erde geschah"*. Es wird mehr als einen einzigen Höhlenbewohner geben, der in den Gedichten einer tief verwundeten, tapferen Zeitgenossin Verwandtes und Stärkendes findet.
Luise Rinser, Rom

Eine Stimme, die aufhorchen lässt, betroffen macht, persönliche Erfahrungen dichterisch zu objektivieren versteht, kurz: menschliches, individuelles Erleben und Leiden in Poesie gießt: das ist Ute Zydek. 1941 *„hart an der Grenze von Auschwitz zum Leben gekommen"* (aus „Lebenslauf"), lebt die gelernte Sozialarbeiterin in Wuppertal. Eine lange Krankheit hat sie zum Schreiben gebracht. Doch da ist nichts von Wehleidigkeit, doch viel von Trauer, nichts von Selbstmitleid zu spüren, dafür ein eindrucksvoller Kampf ums und fürs eigene Selbst. Hoffnungszeichen bestimmen ein dichterisches Werk, dessen Wahrhaftigkeit in der spürbaren Ehrlichkeit und im Befragen der eigenen Person liegt. Verblüffend ist dabei die diszipliniert-nüchterne und dennoch zupackende Sprache. Und sei es nur ein Strohhalm: sie packt ihn, hält ihn, hofft auf Rettung selbst in kleinsten Zeichen: *„Mühsam suche ich / aus den Trümmerhaufen / Worte".*

Ute Zydek findet sie, als *„Höhlenbewohner"* hofft sie in aller Hoffnungslosigkeit auf Bleibendes:

„Höhlenbewohner / hinterlasse Zeichen / an deiner Wand / Vielleicht ist es gut / wenn einer sie findet/ nach deinem Erlöschen".

Mit Ute Zydek schafft sich eine Stimme Gehör, in der die Balance von Form, Sprache und den der „Höhlenwelt" entrissenen Erfahrungen und Leiden die Dichterin ausweist. Eine Stimme, auf die zu hören lohnt.

Rheinischer Bücherspiegel

Was Ute Zydeks Gedichte auszeichnet, ist unbedingte Wahrhaftigkeit, Mangel an literarischem Ehrgeiz, an Effekthascherei. Hier redet ein Mensch sich an, der wenig oder auch keine Gesprächspartner hat. ... Einsamkeit und Wahrhaftigkeit sind noch keine literarischen Qualitäten. Was Ute Zydeks Gedichte lesenswert macht, ist die Unmittelbarkeit und Einfachheit der Diktion. ...

Ich habe so stark das Gefühl, hier rede ein Poet, aus einer Notwendigkeit, die auch zur Notwendigkeit der Leser werden kann. Der Lebenslauf der Ute Zydek wird, wie bei jedem Dichter, zum Material der Gedichte. Es ist ein Lebenslauf, der jungen Menschen heute etwas zu sagen hat. ... Der Grenzfall ist es ja, der den Normalfall erst deutlich macht: auf sein Exemplarisches hin. Unser aller Hilflosigkeit: sie muss vom Opfer und nicht vom Täter her erfahren werden, damit die menschliche Qualität auch in unserer Gesellschaft gewahrt bleibt. Hierzu, glaube ich, können die Gedichte der Ute Zydek beitragen.

Hilde Domin, in „Publikation"

Ute Zydek schreibt unbeeinflusst vom modischen Zeitgeist. Ihre Gedichte sind von vollendeter Gestalt und poetischer Intensität. Eindringlich setzt die Autorin ihre persönlichen Leid- und Glückserfahrungen in Poesie um. Lyrik wird hier zu einem Medium, in dem Wesentliches unserer Wirklichkeit verdichtete Gestalt gewinnt.

Ingeborg Kiefel, Verlegerin

Die 1941 geborene Malerin und Lyrikerin stammt aus Oberschlesien, erlebte Flucht und Vertreibung, und die nie abgeschlossene Suche nach Heimat und Angekommensein ist ein Thema ihrer Dichtung. „Meine verzauberte Stadt", so könnte der ersehnte Ort wohl heißen. Motive, die nicht zufällig an Else Lasker-Schüler erinnern, die die Zerrissenheit der menschlichen Existenz und ihrer Sehnsucht nach befreiter Leichtigkeit gleichermaßen ins verzaubernde Wort setzen. Kein geographischer Ort wird gesucht, sondern ein inneres Zuhause. *„Keiner hat Angst vor dem andern / Niemand ist allein / Die Menschen sehen einander an / und finden sich wieder".* Worte wie Lebenszeichen für die Dichterin selbst und die, die sich in die Welt ihrer Sprache mitnehmen lassen.

Michael Markert, Pfarrer
(Pressemitteilung zur Finissage der Ausstellung mit Lesung von Ute Zydek, Michaeliskirche Leipzig, Oktober 2005)

Alphabetisches Verzeichnis der Gedichte

Vita

Ute Zydek, geboren 1941 in Myslowitz in Oberschlesien. 1945 Flucht mit der Familie nach Unterfranken. 4 Jahre dörfliche Volksschule, danach Oberrealschule in Aschaffenburg. Bürolehre. Anschließend Verwaltungsangestellte und Arzthelferin in Aschaffenburg, Bad Godesberg und Bremen. 1967 Studium der Sozialarbeit in Hannover. Nach dem Staatsexamen Tätigkeit als Sozialarbeiterin in Kassel und Göttingen.
In einer langjährigen Krankheitszeit entstehen die ersten Gedichte.
1979 bis 1992 Lektorin im Kiefel Verlag, Wuppertal. Beendigung der Berufstätigkeit wegen erneuter Krankheit. Wohnsitz in Wuppertal.

1980 Literaturförderpreis der Stadt Köln (GEDOK), mit Einführung von Hilde Domin.
1981 gibt der Kiefel Verlag den ersten Gedichtband „Ein Haus das hab ich nicht" heraus, mit einem Nachwort von Luise Rinser.
1984 erscheint der Gedichtband „Hoffnung trag ich noch immer", ebenfalls im Kiefel Verlag.
1986 verleiht ihr die Künstlergilde den Förderpreis zum Andreas-Gryphius-Preis in Düsseldorf.
1987 erscheinen die Gedichte „Herzsprünge" im Kiefel Verlag.
2005 gibt Ute Zydek selbst das Buch „Die Schatten hinter sich lassen" heraus und
2009 den Gedichtband „Wintersommer".

1993 beginnt *Ute Zydek* zu malen, und zwar in verschiedenen Techniken und mit verschiedenen Materialien, z.B. auch mit Erde und Pflanzenfarben. Die Bilder sind Gleichnisse für Seelenvorgänge, zum Teil realitätsbezogen, zum Teil aus dem Unbewussten kommend.

Inhaltsverzeichnis